PFERDE UND FELDENKRAIS

PFERDE UND FELDENKRAIS

Pferdetraining nach der Feldenkraismethode

von Marie-Luise von der Sode

Cadmos Verlag GmbH Lüneburg
Copyright © 1999 by Cadmos Verlag
Gestaltung: Ravenstein Brain Pool
Innenfotos: Marie Luise von der Sode
Druck: Grindeldruck, Hamburg
Printed in Germany

ISBN 3-86127-338-1

INHALT

VORWORT

Feldenkraispferde wollen in Bewegung sein. Dabei sollte sich das Bewegungsangebot des Reiters an der körperlichen und seelischen Balance des Pferdes orientieren. Es gibt viele Trainingswege aus verschiedenen Reitsparten, deren Aufbau durchdacht, erprobt und intelligent ist. Meistens nicht berücksichtigt wird dabei die persönliche Form – das Ich des Pferdes – in seiner Reife, Belastbarkeit und daher Lernwilligkeit.

Die langjährig unter guter Anleitung gründlich zu erlernende Reitausbildung des Pferdes bedarf zusätzlich ihrer individuellen Anwendung. Dabei kann ein Reiter, wenn er sein eigenes Pferd in seiner psychischen und körperlichen Verfassung richtig und angemessen einschätzt, häufig eher zum Erfolg kommen als ein nach Schema ausbildender Profi, der am Wesen des Pferdes vorbeiagiert.

Als Käufer oder Besitzer eines Pferdes sind Sie in der Zwangslage: Wenn Sie nicht gelassen und intensiv den Weg des Autodidakten beschreiten wollen, dann kaufen Sie ein Pferd, mit dem der Trainer Ihrer Wahl gerne und erstklassig reitet, oder Sie suchen einen Trainer, der die Grundlagen in mehreren Sparten anlegen kann. Bei der Fortsetzung der Ausbildung sei dann empfohlen, die Spezialisierung des Pferdes gemäß seinem Talent, seiner Eignung und daher Lernwilligkeit fortzusetzen.

Im vorliegenden Buch finden Sie dreizehn Beispiele von Pferden, die den Ihnen zuerst vorgeschlagenen Weg der Zusammenarbeit nicht beschreiten mochten oder konnten. Ein Handicap, eine Blockade oder eine andere Unwilligkeit führt zu Disharmonien mit dem Vorbesitzer. Darin liegt die Chance des Käufers – hoffentlich bei einem Preisnachlaß –, die Lernstörung aufzudecken und die nächsten

Lernschritte einzuleiten. Der Wissenschaftler Dr. Moshe Feldenkrais hat ein eigenes Konzept dazu: „Wie Lernen geht". Auch davon handelt dieses Buch.

Wenn Sie die Möglichkeit haben, das Konzept von M. Feldenkrais kennenzulernen und anzuwenden, sind Sie elastischer und freier in der Umsetzung traditioneller Schulen, so wie es die großen Meister aller Sparten, frei zur reinen Lehre, eh schon immer tun. Letztendlich ist es diese Elastizität, die eine individuell angepaßte Handhabung allen Kulturguts ermöglicht. Dem Pferd entsteht daraus eine neue Freiwilligkeit und daraus ein positives Engagement. Der Reiter hat den Gewinn, auf einem sicheren Pferd zu sitzen, das leicht mitarbeitet.

Zur Zeit ist es ein Trend, daß die Fachwelt Empfehlungen ausspricht, nur diese oder jene Pferdeart sei reitgeeignet, nicht so groß, kompakt, leicht zu handeln und anderes mehr. In der Realität scheint die Welt kleiner geworden und immer mehr, entweder exotische oder zu errettende, Pferdearten kommen auf den Markt. Empfehlung und Angebot sind praktisch noch nie so weit auseinandergeklafft. Mein Tip ist es, Nägel mit Köpfen zu machen! Erlaube dem individuellen Reiter seine persönliche Vorliebe und Neigung zu einer speziellen Pferderasse und -art, mit der er vielleicht zwanzig oder dreißig Jahre seines Lebens teilt. Im Gegenzug erschließe ich mit ihm über Intuition und eine genaue Beobachtungsreihe die Einstellung seines Pferdes zum Lernen und gebe dann „Methode" an die Hand, die auch die Kapazitäten des Reiters mit einbezieht. So komme ich meinem Ziel näher: Es gibt häufiger glückliche, bewegte Pferde und dazu mehr Reiter, die in Ruhe und Sicherheit in den Genuß feinen Reitens gelangen, während ihr Pferd ihnen wie ein Freund ist.

MERLIN

– DEN KEINER SAH

Fünf Mal rief sie an. Sabine wollte mir ihren Shagya-Araber zwecks Diagnose und zum Beritt für ein bis zwei Monate herbringen. Zeitlich paßte es mir nicht so gut, da ich gerade ein Ponymusical vorbereitete und die Organisation des Ganzen, inklusive dem Herausbringen von 20 Kindern und Pferden, meinen Kopf, Körper, Koppel und Hausstand vollständig in Anspruch nahm. Die Anrufe wurden dringlicher, die Besitzerin war fragend und ratsuchend, hatte zudem schon mehrere namhafte Trainer durchlaufen. Schließlich nahm ich das Pferd in Ausbildung, weil es „Merlin" hieß. Im Hinblick auf ein Fantasymusical zwischen Pferd und Reiter sollte es sich hier wohl um nomen est omen handeln.

In bezug auf dieses Buch assoziierte ich ihn zudem weiß (als Shagya-Araber), was ich als fotogen empfand. Merlin wurde für zwei Monate angemeldet und kam also angefahren. Da mir der erste Eindruck vom Pferd zum Gesamtbild sehr wichtig ist, stand ich in der Nähe des Hängers, als Merlin ausgeladen wurde. Höflich, aufmerksam und nett ließ sich Merlin abladen und über den Hof führen. Es war gleich klar, hier kommt ein angenehmer Gast.

Zu meiner Überraschung war er braun, hochgewachsen, langrippig, langlinig, langbeinig und nicht, wie bei einem Shagya-Araber schnell assoziiert werden kann, kompakt, eher klein – vielleicht weiß. In diesem ersten Eindruck vom Pferd in den ersten fünfzehn Minuten nach dem Abladen fiel mir weiterhin gleich auf, daß das Pferd Merlin bei einem groß und langlinig angelegten Bewegungsablauf stelzend lief – in seiner Orientierung nach rückwärts gegen die Bewegungsrichtung abrollend. Stellen Sie sich das so vor, daß er mit den Vorderhufen auf den Zehen zuerst aufsetzte

Merlins Augen sind verschlossen und traurig. Foto: S. Schreek

und dann nach hinten zu den Hufballen hin abrollte. Beim natürlichen Gangmechanismus setzt das Pferd die Hufe in der Tendenz von hinten nach vorne abrollend plan auf. Sogleich wies ich Sabine darauf hin. Sie hatte keine Ahnung vom natürlichen Gangbild des Pferdes und wußte nach zwei Jahren bei fünf Ausbildern zum Thema Heilen oder Trainieren auch noch nicht, daß ihr Pferd ein auffälliges Gangbild hatte.

Doch weiterhin zum ersten Eindruck und Gesamtbild, das ich erstelle, wenn ein Pferd ankommt mit besonderen, bisher nicht beantworteten Fragestellungen.

Merlin wurde auf sein Koppelstück gelassen, links benachbart von zwei braunen (mit ihm also gleichfarbigen) Holsteinern und von rechts eingerahmt von zehn bunten Shetlandponys und dem Eselchen Maja. Auch hier zeigte sich wieder, Merlin war ein wirklich feiner Kerl. Mit gespitzten Ohren schaute er sich ruhig die Umgebung und die anderen Pferde an und diese schauten interessiert und gelassen zurück. Es war schon klar, hier kommt ein netter „Neuer". Folgerichtig rollte sich gleich in der ersten Nacht Shettydame „Joy" unter dem Zaun durch, um bei Merlin und seinem besseren Gras zu übernachten, und nach wenigen

Wochen war er mit den beiden Holsteinern eng befreundet. Wenn wir die Frage abzuklären haben, ob Merlin wesensfest ist, dann zeigt sich in seiner Art anzukommen auch schon sein Potential. Er ist ein prima Kumpel auf der Weide und in der Offenstallhaltung.

In dieser ersten halben Stunde der Besichtigung von Merlin bei seiner Ankunft habe ich gleich noch zwei andere trainingsbestimmende, wesentliche Auffälligkeiten dieses Pferdes angesprochen:

• Merlin steht nicht im Rassetyp des Shagyaarabers. Zu lang, zu hochbeinig, sehr lang in der Röhre und schwach und schief im Hals würde man ihn als Angloaraber raten oder als noch im Blut stehendes Russenpferd. Einige typische Stärken des normalen durchschnittlichen Shagyas kann man ihm daher von vornherein nicht zusprechen und entsprechende Belastung nicht unbedingt zumuten. Ich spreche davon, daß der Shagya unter den Arabern eher der geerdete, solide, rittige Vertreter seines Standes ist.

• Merlin war ein Wallach ohne männliche Geschlechtsausprägung, eben eher ein Junge als ein Mann. Dadurch war er zwischen all den freundlich ihn umgebenden Pferden seines Lebens eher unterjocht und nicht respektiert. Zum Menschen hin umwehte ihn ein Flor von Einsamkeit, Traurigkeit und Unreife. Auch zum Menschen hin hatte er sich bisher nicht prägen können. Das erklärt sich aus seiner Geschichte von Mißverständnissen und Fehlinterpretationen, die im folgenden von Sabine erzählt wurde.

Nach vier Wochen läuft Merlin artig im Ponymusical mit. Foto: S. Schreek

Sabine hatte sich den Merlin 2jährig vom Züchter ausgesucht und gekauft. Es war ihr erstes eigenes Pferd und es sollte eine gute, arbeitseifrige, leichttrittige Rasse sein! Die Haltungsbedingungen – acht Pferde im Offenstall – waren ideal, so schien es.

Doch schon bald kamen Rückmeldungen der Miteinsteller, der „Neue" sei verrückt, emotional im Umgang und in der Haltung anstrengend. Man habe ihn im Winter eine Nacht in die Box gesperrt, und schon habe er das Koppen (Krippensetzen) angefangen. Er sei in der Weidegruppe hysterisch verbandelt mit einer erfahrenen Fohlenstute. Wenn diese die Weide verließ oder er, wieherte er kläglich und andauernd, während seine Sammlung und Arbeitsruhe nicht länger vorhielten. Außerdem hatte man die Erfahrung gemacht, daß er des öfteren ohne Vorwarnung am Anbindeplatz hinfiel.

Sabine gab Merlin zum Anreiten zu einer anerkannten Trainerin aus dem Freizeitreiterbereich. Dort wurde er im Halten, Schritt und Trab sorgfältig angearbeitet und bekannt gemacht mit Berührungen und Körperseilen. Diese sollten ihn geraderichten und am Hinterbein wesensfester und vertrauter machen. Obwohl Sabine mit dem Zustand des Pferdes nach zwei Monaten Ausbildung sehr zufrieden war, behielt Merlin, kaum zu Hause angekommen, seinen schlechten Ruf und seine Unpäßlichkeiten bei. Daraufhin wurde er zu einem Trainer in der spanischen Reitweise gegeben. Dieser führte Merlin in die Doppellongenarbeit ein. Er hatte sich auf arabische Pferde spezialisiert und Sabine empfand seine Arbeitsweise als angenehm und die Idee, mit dem Pferd Seitengänge einzuüben, ohne die Belastung durch das Reitergewicht draufzugeben, sehr plausibel. Doch der Trainer bezeichnete

Merlin als untrainierbar und einen verrückten Spinner.

So kam Merlin wieder nach Hause, und Sabines Nervosität und Hilflosigkeit steigerte sich zusehends. Ab jetzt verlagerten sich Merlins Probleme auf den gesundheitlichen Bereich. Leider falsch diagnostiziert, jedoch unermüdlich, wurde er aufgrund eines eitrigen Nasenausflusses monatelang mit Antibiose behandelt. Erst die Tierklinik Hannover stellte übereinandergeschobene Zähne als Schmerz- und Reizverursacher fest. Merlin bekam ein markstückgroßes Loch in seine Backe gestanzt und drei Zähne gezogen. Bei den Spülungen der Wunde mit einer Wundlösung wurde Merlin von drei Männern festgehalten. Frisch renoviert kam Merlin dann nach Hause – aber auch jetzt zeigte sich, daß Sabine ihrem erklärten Ziel noch keinen Schritt näher gekommen war. Ursprünglich nämlich hatte sie sich ein leichttrittiges und im Rücken tragfähiges Pferd gewünscht, das mit Freude an die Arbeit geht. Statt dessen ließ ihr Shagya-Wallach sich jetzt nicht mehr einfangen auf der Weide. Seine Bodenunsicherheit äußerte sich weiterhin im Stolpern und Hinfallen – alle Probleme nahmen zu.

Sabine nahm nun Zuflucht beim Gedankengut aus der ganzheitlichen Medizin und schaltete einen recht bekannten Heilpraktiker ein. Dieser machte ein Join-Up nach Monty Roberts und konnte auch Kontakt zu dem Pferd finden. Er beschrieb Merlin Sabine gegenüber als sehr unsicher und beschied ihr, eine nicht deutlich gezeigte Dominanz gegenüber dem Pferd durchzuhalten. Gleichzeitig verabreichte er Merlin eine hohe Phosphorpotenz, wohl um dessen Unsicherheit zu begegnen und sich die Quellen seiner inneren Kraft erschließen zu können. Innerhalb einer sogenannten Erstver-

Aufgrund der Zwanghufe läuft Merlin gerne noch einmal „ohne Rücken". Foto: S. Schreek

schlechterung war Merlin jetzt erst recht aufgekratzt und durchgedreht, und so rief Sabine
mich an und bat um meine Hilfe.

Wie sich herausstellen konnte, war sie hier an
genau der richtigen Adresse:

Wir beobachteten Merlin noch ein halbes
Stündchen beim Ankommen inmitten der
neuen Herdengemeinschaft, um zu sehen, ob
er beispielsweise den Zaun respektierte, und
verabschiedeten uns dann voneinander. Am
nächsten Tag bat ich meine Praktikantin,
Merlin einzufangen und mit ihm etwas auf

den Koppeln spazierenzugehen. Sabine hatte
uns erzählt, daß sie viel mit Merlin spazieren-
gegangen sei und ihn auch neben dem Fahrrad
herlaufen ließ. Das ist normalerweise ein sehr
schönes gemeinsames Thema, um eine Verbindung zwischen Pferd und Reiter aufzubauen.
Nach einiger Zeit kam die Praktikantin
unverrichteter Dinge zurück. Angesichts seines bereitgehaltenen Halfters lief Merlin weg
und ließ sich gekonnt nicht greifen. Hier nun
war mein Interesse endgültig geweckt und die
Arbeit konnte beginnen. Meine Grund-

annahme ist, daß jedes sechsjährige, mit der Arbeit vertraute Pferd sich nach 24 Stunden Weidegang von der Koppel gerne einfangen läßt, um an die Arbeit zu gehen. Wenn dem nicht so ist, hat es einen Grund. Wenn es seine Gründe hat, finde ich diese über eine intelligente Beobachtungsreihe und aufmerksame Befragung des Pferdes heraus und – rede mit ihm darüber. Ja, Sie haben richtig gelesen – verbal und mit der Übertragung von Gedanken in Bildern mache ich mich dem Pferd gegenüber verständlich und ermutige es, einen nächsten Lernschritt zu tun. Die Arbeit zwischen Merlin und mir in den nächsten zwei Tagen bestand darin, diese Gesprächsreihe aufzubauen. So spazierte ich also drei Mal am Tag leger über Merlins Koppel, sein grünes Halfter weich und eher beiläufig in der Hand haltend. Ich tat so, als zielte ich darauf ab, eher meine Pferde zu besuchen, um jede frontale Annäherung zu vermeiden. Wenn er in meiner Nähe war, bekam er ein Leckerli sowie viele schnelle leichte Berührungen am ganzen Körper etwa fünf Minuten lang. Wenn es mit leichter Hand gelang, setzte ich das Halfter auf, nahm es dann beim nächsten Besuch wieder ab. Interessanterweise ließ Merlin sich aufgehalftert leicht greifen. Ein Teil seiner Angst lag also im Vorgang des Aufhalfterns. Da Merlin beim Betreten seiner Koppel mit dem Halfter in der Hand unsereinen entweder verstört, einsam oder panisch anstarrte oder davonlief, wurde er von mir mit freundlicher Stimme, etwa folgendermaßen, angesprochen: „He, was ist denn mit dir los, du schaust ja, als wären wir Gespenster. Wir sind nicht die drei Ärzte aus der Tierklinik, die dir die Wunde spülen wollen. Wir wollen Spaß haben mit dir und mal schauen, was du so kannst und möchtest."

Schon am ersten Nachmittag, nach etwa viermaligem Auf- und Abhalftern ohne weiteren bedrohlichen Vorgang, war Merlin so beruhigt, daß er gerne kam und sich aufhalftern ließ. In seiner zweimonatigen Anwesenheit machte er nur eine Ausnahme, als ein größerer Sturm war und er zeitgleich von einem Ponymädelchen zur Arbeit geholt werden sollte. Ich erklärte dem beunruhigten Kind, daß dieser Rückfall völlig in Ordnung ist, da viele Weidepferde im Sturm eine diffuse Angst aufbauen und ihre schwächeren Verhaltensweisen zeigen. Dennoch konnte das von der Besitzerin benannte Problem „Einfangen, gerne zum Arbeitsplatz kommen" nach zwei Tagen als aufgelöst betrachtet werden.

Wiederholbare, erlernbare oder nachahmbare Methoden waren dabei:
• Die Wahrnehmung zuzulassen, daß Merlin sich nicht gern aufhalftern ließ auf der Weide, er jedoch einmal aufgehalftert gerne zur Arbeit kam. Im Vorgang des Auf- oder Abhalferns lag also etwas in seiner Wahrnehmung Bedrohliches.
• Sich insofern pferdegerecht zu verhalten, als ich eher beiläufig über die Wiese spaziere, Merlin nicht frontal angehe und meine Arme und Hände bei mir behalte. Meine Erfahrung sagt mir, daß Pferde den ausgestreckten Arm eher als wegweisend empfinden denn als einladend. Sich weiterhin insofern pferdegerecht zu verhalten, als ich es für wichtig halte, daß ein Pferd gerne zum Arbeitsplatz kommt und - wenn es Zweifel gibt bei mir oder dem Pferd - an genau dieser Stelle die Arbeit beginnt.
• Das Zwiegespräch aufzubauen. Über beobachtende und auch intensive Erfassung herauszufinden, was genau das Pferd davon abhält, zu mir zu kommen. Hier lag die Information vor, daß Merlin wochenlang in der Tierklinik war

(Langzeitpatienten haben öfter keinen Garantieschein für zarteste Ansprache). Außerdem sprachen aus Merlins Augen Einsamkeit, Panik und Unverstandensein. Und nicht etwa kühnes oder freches Wesen.

• Also lautete die Aussage an Merlin etwa: „He, wir sind nicht die Herren aus der Tierklinik. Wir sind die vom Ponyclub und wir wollen zusammen eine Menge Spaß haben!" Aus körpertherapeutischer Sicht ist das Ziel, das Auge zu öffnen. Damit es nicht in Panik erstarrt, sondern Angst und Wut genauso anzeigt, wie Freude und Kraft. Nur das geöffnete Auge läßt den beweglichen Körper zu.

• Von jetzt an in allen Teilschritten der Arbeit darauf zu achten, wo und wann eine ähnliche Scheu oder Verlorenheit sich beim Pferd wieder einstellt. Diese Trainingsstufe sollte dann isoliert werden, genau betrachtet und unter Entdeckung der Langsamkeit immer wieder neu angelegt und eingeschliffen werden.

Diese Vorgehensweise mag Ihnen langsam und übergründlich erscheinen, jedoch ist sie in Wahrheit sehr zügig. In allen dem Pferd sicher erscheinenden Lernzonen kann man zügig Fortschritte aufbauen, und nur bei balancestörenden Knackpunkten sollten neue, angenehme Ideen und Erfahrungen angelegt und eingeschliffen werden. So denken wir anhand der Möglichkeiten der Feldenkraismethode, und bei Merlin hieß das als erstes, einen aufmerksamen, achtsamen und sachgerechten Umgang mit dem Vorgang des Einfangens zu pflegen, um eine sichere Basis für alle weitere Zusammenarbeit zu schaffen. In den ersten fünf Berittagen war Merlin also mehrfach täglich unter Beobachtung und wurde zur Bodenarbeit zwischen den gerittenen Ponys und Holsteinern vom Ponyclub

herangezogen. Die Gründe, ihn nicht reiterlich zu belasten, lagen zum einen in der vordem angesprochenen besorgten Haltung des Pferdes beim Einfangen und zum anderen darin, daß er nicht in allzu gutem Futterzustand ankam. Es galt also herauszufinden, ob er auf dem Basisfutter Gras plus Stroh runder werden würde oder weiter abfallen. Tatsächlich wurde Merlin im Laufe der zwei Trainingsmonate deutlich runder. Das war nun auch ein Ergebnis von Zufriedenheit des Pferdes und dem gleichzeitigen Wahrnehmen vertiefter Atemprozesse in Ruhe und Bewegung. Dieser Gedanke ist nun Feldenkraismethode pur. Er begleitet unsere Beobachtungsreihen ständig: Inwieweit geht die Auswirkung von Atemprozessen in Ruhe und Bewegung durch den ganzen Körper hindurch? Nun kann es sein, daß eine Magerkeit nur eine mangelnde Durchlässigkeit für die vielfältigen Möglichkeiten von Atemwegen ist. Diese Gedanken können wir immer fassen. Lernvorgänge zur Atmung anzubieten, ist die Methode. Im Ergebnis sehen wir, ob der vage Verdacht, eine zu flache Atmung beeinträchtige Pferd oder Mensch, wahr ist. Im guten Kontakt zu Atemprozessen können Pferd, Tier oder Mensch dann häufig Schmerzen oder weitere Balancestörungen fast wegatmen. So war es auch bei Merlin. Er lernte, auf das sogenannte Delphinatmen zu reagieren. Dabei hat die Feldenkraismethode aus der Säugerschulung entlehnt. Jede rhythmische Ausatmung wird mit einem lauter gesprochenen Schschsch ... unterlegt. Danach kommt die Einatmung in ihrem Bedarf allein zurück. Der Reiter atmet also aus und legt Doppel-FF oder Schschsch auf die Ausatmung und erlaubt der Einatmung den Weg zurück.

Die meisten Pferde – und so auch Merlin – werden dadurch zum Abschnauben ermutigt. Dieses wird von meinen Reitern dann immer mit einem deutlichen „Braav" bestätigt. Schon meine sechsjährigen Ponykinder wissen, daß es sehr gut ist, wenn ihre Pferdchen unter dem Sattel herzhaft abschnauben. Zusätzlich konnte ich bei Merlin die Atmung unterstützen, indem ich beispielsweise seinen Bauch hielt und dadurch entspannte oder ihn an den Nüstern, Rippen oder Flanken sachte massierend berührte. Spannung auf die eigenen Hände abgeben und tragen ist ebenfalls Feldenkrais pur. Immer bekommt der Körper und Organismus dann Wahlmöglichkeiten, etwa andere Atemwege und somit Alternativen zum Gewohnten, Verkrampften zuzulassen. So war es auch bei Merlin und bei seiner Besitzerin Sabine. Beide sind dabei zu lernen, in den unteren Rücken hinein zu atmen, in die Gelenke hinein zu atmen und Kraft im Schwerpunkt über Ausatmung zu finden. Ein bezeichnender Prozeß, der beide ein Leben lang begleiten wird und immer guttut.

Am dritten Tag nach seiner Ankunft begab sich Merlin in bezug auf Beurteilung und Anwendungen in meine Hand. Er hatte sozusagen sein „Coming Out" – die Kraft, sich darzu-

Die weiße Zauberin, die Königin der Nacht und Hades, Gott der Unterwelt. Foto: S. Schreek

stellen als ein arbeitseifriges Pferdchen mit einer großen Störung. Er wurde hinter mir herumgeführt, unter anderem durch ein Stangengewirr, das wir „Labyrinth" nennen. Das Labyrinth besteht aus vier versetzt querliegenden und zwei längsseits abschließenden Stangen, die mit einem Abstand von rund 1,10 m ausgelegt werden. Wenn das Pferd ein Labyrinth in gesetztem Tempo durchläuft, muß es sich in der Biegefähigkeit abwechselnd nach rechts und nach links sehr gut koordinieren, um die Aufgabe innerhalb ihrer Grenzlinien lösen zu können. Die Koordination zur Stellung in Hals und Kopfbereich und die Biegung vom Genick zum Hinterfuß sowohl auf der gebeugten Innenseite als auch auf der gedehnten Außenseite muß für jeden Fuß, jede Faser und jede Rippe einzeln nacheinander und dabei abfolgeorientiert und sehr genau erfolgen.

Merlin wurde, ausgestattet mit Halfter, Tellington-Führkette und wegweisender Gerte, also hinter mir herumgeführt. Und ich hörte ein lautes Knirschen oder Krachen! Ich drehte mich um und sagte zu der Praktikantin: „Was hat denn da gekracht?" „Das weiß ich nicht", antwortete sie, „aber ich habe auch ein Krachen oder Knirschen gehört." Jetzt befand ich es an der Zeit, Merlin einer eingehenden manuellen Untersuchung zu unterziehen. Aus dem Zusammenhang der Feldenkraismethode gedacht, ist Gleichgewicht hörbar, fühlbar und sichtbar. Wenn das Knochengerüst eines Pferdes im Vollzug einer Wendung knirscht, ist eine hörbare Balancebeeinträchtigung anzunehmen. Wenn etwas zu hören ist, ist da auch etwas zu fühlen und zu sehen. Um etwas Außergewöhnliches fühlen zu können, es erfahrbar zu machen, taste ich die Muskulatur

des Pferdes am ganzen Körper sachte ab. Ich bleibe dabei im Kontakt mit dem Augenausdruck des Pferdes, seinem Ohrenspiel und seiner gesamten Mimik und Gestik. Intuitiv erfasse ich, ob es sich durch meinen erfühlenden Balancetest bedroht fühlt oder erleichtert ist. Wenn ich das Pferd am ganzen Körper abtaste, spreche ich sein Nervensystem unter seiner Haut an. Dabei entsteht eine direkte Reizleitung zu seinem Gehirn. Die Botschaft der Verständigung über das Fingerkuppen-Kabel könnte heißen: Deine Berührung ist mir angenehm, unangenehm oder aahh, was ist denn da los, tanzt mein Knochen oder mein Muskel irgendwie aus der Reihe? Gleichgewicht ist, zudem es hörbar und fühlbar ist, auch noch sichtbar. Vergleichend zwischen dem einen, anderen oder dritten Pferd kann man sowohl Wölbungen und Kuhlen erkennen, die auffällig sind, als auch heiße oder kalte Zonen sowie verhärtete oder energielose, schlabberige Struktur. Ein gutes, offenes Nervensystem gibt beim Berührungsimpuls über Handflächen oder Fingerkuppe ein vitalstarkes Gefühl zurück, starke Energien bei viel Elastizität. Dabei für das Auge eher linig als rubbelig und knubbelig.

Das Ergebnis der körperlichen Untersuchung an Merlin ergab, daß er sich, um eine Biegung oder auch nur ein tiefes Abdehnen zu schaffen, den Hals buchstäblich verrenkte. Er hat sogenannte Gleitwirbel, die aus einer Verspannung der Muskulatur innerhalb einer zu sich selber unaufmerksamen Bewegung aus ihrer anatomischen Anordnung weggleiten oder sogar wegspringen. Man hört eventuell ein „Plopp" oder ein Knacken, und ein verspanntes Muskelgewölbe zieht den oder diese schwachen Wirbel aus ihrer natürlichen Funktion heraus in eine seitliche Verschiebung oder gar Verklemmung mit den anderen Halswirbeln. Dabei kann es zu starken Verkeilungen kommen, die zu funktionalen Untüchtigkeiten führen. Ganz sicher konnten Merlins plötzliche Stürze am Anbindeplatz und auch beim Reiten aus diesen plötzlichen Verklemmungen der Halswirbel hergeleitet werden. Es handelt sich dabei sogar um ein typisches Erscheinungsbild.

Obwohl man es als Laie leicht vermuten konnte, war Merlins Ruf, irrational, sozusagen verrückt, nicht belehrbar zu sein und sogar unberechenbar, eine völlig am Pferd vorbei entstandene Einschätzung. Auch die Grundannahme, er sei ein Unglückstropf, koppend und immer krank, sozusagen ein Fehlkauf, ein Faß ohne Boden, war eine Bewertung, die am zentralen Lebensthema des Pferdes vorbeigeht.

Leicht zu verstehen ist jetzt jedoch die unendliche Einsamkeit des Pferdes, die sich in seinem Augenausdruck widerspiegelt und in dem gegenseitigen mangelnden Vertrauensverhältnis zwischen ihm und seiner Besitzerin und anderen, ihn umgebenden, durchaus wohlmeinenden und tierliebenden Reitern.

In der Feldenkraismethode arbeiten und denken wir aus dem Zusammenhang der Anatomie in der Wechselwirkung Skelett und dem Nervensystem unter der Haut mit dem zentralen Nervensystem in unserem Gehirn. Wir haben also eine biologische Grundannahme, wie der Bewegungsapparat entwickelt ist und funktioniert und wie dieser Bewegungsablauf sich dann anfühlt, anhört und ansehen läßt. Wenn jetzt eine Funktion ausfällt, wissen wir, daß im Körper Alarmglocken ausgelöst sein müßten. Diese wären eine große Achtsamkeit mit sich selber, die sich zeigt in

bewußter Aufmerksamkeit, extremer Langsamkeit oder dem Auslassen einzelner Aufgaben.

Wäre Merlin sich seiner selbst bewußt, könnte er selber an schwierigen Passagen der Arbeit seine Muskulatur entspannen und achtsam seine Gleitwirbel einrichten und einreihen. Er könnte seinen Hals längen oder in adäquaten Wölbungen aufbauen. Daran würde auch sein Selbstbild, sein Selbstvertrauen und sein Selbstwertgefühl wachsen. Er wäre ein hochsympathisches und hochbegabtes Pferd mit einem starken Handicap und einigen Schwächen, etwa der Verengung der Hufe zum Zwanghuf und der Verengung des Kiefers zu den übereinandergeschobenen Zähnen.

Aus der Sicht der Feldenkraismethode ist es zudem erklärbar, daß der Körper sich verengt (bei Merlin an den Hufen und im Kiefer), wenn Angst und Schock den gesamten Bewegungsapparat und das Selbst stören. Folgerichtig handelt es sich auch nur um ein Kratzen an der Oberfläche, wenn die Zähne oder die Hufe behandelt werden. Trotzdem müssen diese Behandlungen natürlich sein, insbesondere wenn sie, wie bei den Zahnvereiterungen Merlins, als Symptome aufbrechen.

Nur kann man die Erwartungen an den Trainingsfortschritt oder den Heilerfolg nicht sehr hoch ansetzen und muß sich weiter auf die Suche nach der zentralen Störstelle im Organismus und in der Psyche des Pferdes begeben. Hier möchte ich ein großes Lob an die Besitzerin Sabine aussprechen. Sie konnte und wollte sich nicht damit zufriedengeben, daß der Kontakt zwischen ihr und ihrem ersten Pferd so schwach war und daß die von ihr angesprochenen Trainer und Medizinleute das Pferd immer nur ein so kurzes Stückchen auf den Weg bringen konnten. Sabines Hartnäckigkeit wertete ich als ein Zeichen, daß es ein unentwickeltes Band zwischen ihr und dem Pferd gab und der Kontakt hergestellt werden könnte, insbesondere da sie Bereitschaft zeigte, sich gegebenenfalls von Merlin zu trennen, falls das Band zwischen ihnen sich nicht festigte. (Ich hatte inzwischen vorgeschlagen, Merlin per Schutzvertrag an eine unbefangene jugendliche Reiterin abzugeben, um die allseitige Verknotung und Verkrampfung dadurch aufzulösen und einen Neuanfang wagen zu können.)

Überrascht und nicht so beeindruckt war ich von den Medizinleuten und Co-Trainern meiner Preisklasse. Sie hatten Merlin allesamt falsch eingeschätzt und aus einem medizinischen, anatomischen Problem eine Ich-Schwäche des Pferdes diagnostiziert. Die einzige Ausnahme bildete eine Chiron-Lehrerin, die aus dem Konzept Oberliniendehnung, Fundament und Rhythmus eine sehr positive Beziehung zum Pferd aufbauen konnte. Glücklicherweise ist Annette heute Sabines Trainerin und macht Merlins Korrekturberitt zweimal wöchentlich.

Wenn ein Pferd Gleitwirbel hat, führt das immer zu irrationalen Handlungen und Ausbrüchen beim Pferd. Steigen, ausbruchartiges Losbocken oder Hinfallen ohne vorheriges Stolpern sind dann typische Anzeichen. Insofern ist es auch nicht verwunderlich, daß die Wundspülungen nach den Zahnoperationen von drei Männern durchgeführt werden mußten (mußten?). Beim Angehobensein seines Kopfes verspürte Merlin ein Krachen, einen stechenden Schmerz und sicherlich panische Angst. Hier wäre eine das ganze Pferd umfassende Diagnostik über den Eiterfluß aus der Nase hinaus sinnvoll gewesen. Daraus hätte dann eine diplo-

matische Vorgehensweise resultieren können. Tierärzte in den USA beispielsweise hätten sicher Folgebehandlungen vorgeschlagen aus den Berufsfeldern Feldenkrais, Akupunktur, Osteopathie, Traeger, Rolfing und weiteren.

Sie werden sich bis zu dieser Stelle schon längst gefragt haben, was ich denn aus der Feldenkraismethode für Merlin tun konnte und kann.

• Ich kann ihn in seinem anatomischen Gleichgewicht erkennen. In Merlins Fall heißt das: Er hat Gleitwirbel, die ihn buchstäblich „verrückt" machen und zu Fall bringen. Und – er weiß von dem Problem nichts. Zugeordnet ist eine Verengung am ganzen Körper vom Kiefer bis zu den Hufen. Dadurch sind der Rücken und die großen Gelenke der Hinterhand natürlich auch geschwächt und erfordern ein entlastendes Reiten. Insofern war die Chiron-Trainerin an diesem Pferd natürlich näher dran als die englische Trainerin oder der spanische Ausbilder.

• Ich kann Merlin in seiner seelischen Verfassung erkennen. Er war verstört, einsam und in Panik. Ich sage immer, Sie sind dabei, mit verbundenen Augen zuzuspringen, und jemand hält Sie von hinten fest. Können Sie sich vorstellen, daß Sie dann einen Schweißausbruch haben, Herzrasen oder nervöses Husten?

• Ich kann Merlin in seinen Stärkepoints erkennen. Er war „im Lack" in seinem Fell, obwohl er sich durch seine flache Atmung so mager hielt. Er hatte wunderschöne große Bewegungen im Schritt und im Trab. Er hatte großes Sprungvermögen, Springfreude und Traute. Er war verkehrssicher und eben rundherum menschen-, pferde- und hundebezogen. Ein wirklich sympathisches Pferd.

Merlin ist ein Pferd, das man leiden mag. Foto: S. Schreek

• Merlin ist, wahrscheinlich von seinen arabischen Ahnen her, sehr offen und sensibel für Bilderübertragung (Telepathie) und das gesprochene Wort. Und er ist intelligent.

• Aus der Feldenkraismethode kann ich Merlin ganz wunderbar helfen, sich seiner selbst gewahr zu werden. Ich mache ihn sich selber fühlbar über die Berührungen meiner Hände, über das gezielt gesprochene Wort und über die gezielte Anwendung von Ermutigung seiner Stärkepoints und Beruhigung, wenn seine Schwachstellen den Leistungswillen beeinträchtigen. Dadurch kann ich in Merlin sein Selbstbild und damit seine Anatomie fördern.

Zunächst jedoch, am dritten Tag nach Merlins Ankunft, rief mich Sabine an. Ich übermittelte ihr meine Diagnostik vom verrenkten Hals. Ich fragte die hier passende Frage aller Fragen: Hat denn nicht dieses Pferd irgendwann einmal einen Unfall gehabt? Ja, gleich nachdem es gekauft wurde, fiel ein 4 m hohes Scheunentor aus den Angeln und hat den Zweieinhalbjährigen buchstäblich unter sich begraben. Es hatte den Anschein gehabt, daß ihm nichts passiert war. Doch leicht läßt sich vermuten, daß aus der Erleichterung heraus, daß Merlin wieder aufstand, der für den Laien unsichtbar verschobene Hals übersehen wurde. Außerdem können wir leicht, wenn nur jeder von sich selber innerhalb einer solchen Situation ausgehen würde, ein Unfalltrauma annehmen. Das würde bedeuten, Merlin hätte sich, um das Begräbnis unter dem Scheunentor zu verkraften, außerhalb seines Selbst begeben oder sein Energienotaggregat eingeschaltet. Damit konnte er für eine Unfallsituation vorgesehene körpereigene Energiereserven aktivieren. Diese Fähigkeit haben wir alle. Nach dem Verbrauch dieser Energiereserven tritt entweder eine Phase der Erschöpfung ein, in der wir notgedrungen die „Batterien" aufladen müssen. Oder aber ein Verdrängungsmechanismus findet statt. Merlin würde dann den Unfall selber und die Zeit rund um den Vorgang nicht mehr erinnern. Diese Fähigkeit verhilft dazu, erst einmal weiterzumachen. Insbesondere, da Besitzer und Helfer erleichtert aufatmen und dem Pferd damit projizieren und vorgeben, daß es besser sei, harmlos und unbefangen weiterzumachen als sei nichts geschehen. Der Nachteil in dieser Vorgehensweise ist, daß sie auf allen beteiligten Seiten zur sogenannten Unbewußtheit führt.

In der Feldenkraismethode sehen wir die Unbewußtheit als eine gigantische Störstelle im großen Feld der Gesundheit an. Unbewußtes Handeln führt zu Fehlerketten sowohl im emotional indizierten Handeln als auch in der Selbsteinschätzung des eigenen Potentials. Dabei ist eine Unterbewertung der eigenen Möglichkeiten genauso einschränkend wie eine Überschätzung.

Sabine jedenfalls fiel aufgrund dieser Erkenntnisse und Zusammenhänge aus allen Wolken. Sie war insgesamt eine wunderbare Schülerin, da sie zu keiner Zeit des Prozesses den Instinkt und das Hinfühlen verloren hatte, ob Merlin bei allen seinen Helfern in der richtigen oder gegen sich gerichteten falschen Richtung unterwegs war.

Von nun an war alles ganz einfach.

Merlin war zwei Monate da. Nach der ersten Woche der Bestandsaufnahme nahm er weder viel Arbeit noch viel fachlichen Tiefgang für sich in Anspruch. Ich konnte ohne viel Aufwand kompetent gelerntes Handwerk der Feldenkraismethode einsetzen und dabei Helfer bitten, die Ideen umzusetzen.

Idee Nr. 1: Merlin sollte sich seiner selbst gewahr werden. Er mußte in Kenntnis gesetzt werden, daß sein Hals verrenkt war; daß bei unvorsichtigen Bewegungen seine Halswirbel gleiten und daß alle Reiter, Pfleger, Stallbesitzer und Tierärzte um ihn herum informiert sind und jederzeit achtsam auf ihn eingehen. Erreicht wurde es dadurch, daß er beim täglichen Besuch auf der Weide sowie beim täglichen Training eine Ansage bekam: „Bewege dich achtsam; lasse eine Bewegung des Abwendens oder Halsverlängerns langsam durch deinen Hals aufsteigen. Wenn du eine Bewegung nicht sofort durchführen kannst, werden wir alle Verständnis dafür haben und dir Zeit geben."

Idee Nr. 2: Die ideal zu jedem Bewegungsvorgang hingehaltene Halswirbelsäule sowie die Annäherung an die Verklemmung oder Verrenkung wurden über manuelle Anwendungen fühlbar gemacht. Dadurch konnte Merlin lernen, muskuläre Folgeverspannungen im oberen Halsbereich aufzulösen. Beulen und Kuhlen in verhärteter Halsmuskulatur sind ein Zeichen dafür, daß das Nervensystem Lösungsstrategien aussucht, um sein Skelett halbwegs funktional und schmerzfrei bewegen zu können. Zu jeder Bewegung gibt es jedoch viele naheliegende, ähnliche Alternativen. In akribischer Kleinarbeit diese Alternativen zum verkrampften oder zerstörten Bewegungsvorgang zu suchen, ist Aufgabe des autonomen Selbst. Aus den Erkenntnissen der Feldenkraismethode wissen wir, daß alle Tiere mit einem Nervensystem dieser Aufgabe gewachsen sind – und natürlich der Mensch.

Zartes Streicheln, Hinfühlen in den verbeulten Hals, Touches und Massagen, immer mit dem Vertrauen und Einverständnis des Pferdes, bringen klärende Bewußtheit in den Halsbereich bei Merlin. Diese Anwendungen konnten durchaus laienhaft erfolgen, also auch von der ungeübten Besitzerin oder der 14jährigen Julia durchgeführt werden, da Merlin sehr schnell und bereitwillig Kontakt machte, von der Berührung ausgehend, über seine Gedanken, über den Abspann in der Muskulatur reagierte er jeweils direkt. Ich werte das als ein Zeichen von körperorientierter Intelligenz, Menschenbezogenheit und Kontaktfähigkeit zum Menschen.

Idee Nr. 3: Merlin sollte im Blitzraster alle bisher erfolgten Ausbildungsstadien durchlaufen. Einfangen von der Weide, Putzen, Trensen, Satteln, Doppellonge, Stangenarbeit sowie Bodenarbeit. Angst und Mut wurden durchprobiert. Bei all diesen Vollzügen war Merlin sehr gut ausgebildet und daher diszipliniert und gelassen. Das Aufsitzen war kein Problem, Schritt und Trab unter dem Sattel gelangen sowohl bei leichter Anlehnung an die Reiterhand als auch gebißfrei am langen oder hingegebenen Zügel. Galopp konnte Merlin nicht. Er hüpfte eher wie ein Hase und konnte seinen Hals nicht zum Bewegungsvorgang einrichten. Dafür konnte er ganz wundervoll springen. Er selber wies uns ein, indem er immer wieder kleine Sprünge von 30 - 50 cm Höhe ansteuerte und mit und ohne Reiter (an der Longe) überwand.

Ein echtes Handicap war Merlins Übereifrigkeit. Ein körperliches Handicap über autonome Vorgänge in seine Grenzen zu weisen, erfordert Sammlung und Gelassenheit. Statt dessen hörte Merlin auf jedes auf der ganzen Koppel zu einem anderen Pferd gesprochene Wort und setzte es prompt um. Zusätzlich hatte einer seiner Trainer ihn entsprechend angelernt und so war das Pferd überaufmerksam. Aus den Kenntnissen der Feldenkraislehre wünschen wir uns die Fertigkeit zum wiederholten Wechsel zwischen guter Spannung, Entspannung in Losgelassenheit und Tiefenentspannung bis hin zur Trance, damit der Körper sich regenerieren kann. Kadavergehorsam und Eilfertigkeit werten wir als gegen den eigenen Körper gerichtet und daher als ungesund. Jedes in seinem ausbalancierten und ausgeruhten Organismus eingerichtete Lebewesen ist bereitwillig für aktives und gelehriges Handeln. Über Balance erziehen wir uns also nicht zu einer trägen Masse, sondern sind in Saft und Kraft reaktionsbereit.

Immer wenn Merlin also auf ein an ein anderes Pferd gerichtetes Wort reagierte (zum Beispiel „Terrab" oder „Galopp marsch"), wurde er von mir und seiner Reiterin beruhigt. Es dauerte durchaus lange, bis die ständige Alarmbereitschaft aus seinem Körper wich. Innerhalb von nur zwei Berittwochen hatten wir eine komplette Abwägung von Merlins Stärken und Schwächen. Wir wußten, was wir mit ihm reiten konnten, und taten das ausgiebig. Im übrigen war Merlin komplett geländesicher, da Sabine ihn netterweise oft am Band neben dem Fahrrad hatte herlaufen lassen. Nach vier Wochen etwa begann Merlin mit dem Galopp unter dem Reiter und an der Longe. Einem Galopp, der seinen Namen verdient, da er durchgesprungen war und Merlin seinen Hals in guter Dehnung davorhalten konnte.

Idee Nr. 4: Jetzt erst begannen wir, Merlins Folgewehwehchen Beachtung zu schenken. Er lernte, den Atemrhythmus mit dem Trabschritt oder Galoppsprung zu koordinieren, rhythmisch zu atmen und abzuschnauben. Sein Hufzwang fand Beachtung. Mit einer langsamen Weitung des extrem verengten Hufs durch die Hufpflegerin wurde nach zwei Monaten begonnen. Aufgrund seiner Zahnoperationen und dem verengten Kiefer haben wir sehr sorgfältig darauf geachtet, welche Nahrung Merlin unter welchen Bedingungen gut und leicht zu sich nehmen konnte. So waren Stroh und Gras seine bevorzugten Nahrungsmittel. In der Heuperiode bekam er noch einmal extreme Schwierigkeiten. Offensichtlich hatte er Schmerzen beim Fressen. Nach vier Wochen jedoch war Merlin deutlich runder durch geregelte Atmung und Nahrungszufuhr. Ebenfalls nach vier Wochen hatte er seinen öffentlichen Auftritt im Ponymusical „Hades und die Wildgänse". Nach dämonischer Musik und durch die Schwaden der Nebelwerfer unterstützte er den Gott der Unterwelt beim Raub der Wildgänse. Sabine war richtig stolz und alle Zuschauer fanden, er sei ein tolles Pferd. Mit diesen Energien ausgerüstet, kehrte Merlin nach zwei Monaten nach Hause zurück.

Er steht jetzt in einem großen Stall mit Außenpaddock mit vielen Pferden, Reithalle und einem guten Trainingsgelände. Sabine hat bei mir einen fünftägigen Feldenkraiskursus absolviert. Merlin kommt zum Beritt in den diesjährigen Abschlußkursus und Sabine mit ihm in den neuen vierteiligen Ausbildungskursus Feldenkrais und Reiten. Sabine ruft hier regelmäßig an und erzählt von Fehlern, die sie gemacht hat, die sie aber erkennen und berichtigen konnte. Im neuen Stall hat sie bald mit Merlin eine Demonstration zur Bodenarbeit vor Publikum gemacht. Es gab großen Applaus und niemand war der Meinung, es handele sich hier um ein irrationales, verrücktes Pferd.

MÄRCHEN

– ICH ZEIGE EUCH, WIE EIN PFERD SPRICHT

In unserer Familie ist es immer leicht zu behalten, wie alt das Pony Märchen ist – nämlich immer ganz genauso alt wie meine Tochter Lara-Mareike. Beide sind 1990 geboren. Lara-Mareike hat die Feierlichkeiten für beide dann auch auf einen Termin gelegt, nämlich den ihres Geburtstages. Es handelt sich also um eine Herzensangelegenheit und mit Liebe auf den ersten Blick fing dann auch alles an.

Zuerst kam eine Annonce heraus: kinderliebes Führungspony, extrem artig – zu verkaufen. Eine Shetlandponydame, fünf Jahre alt, dreifarbig mit dem wunderschönen Merkmal, ein blaues und ein braunes Auge zu haben. Fein, dachte ich, Verstärkung für den Ponyclub. Wir sattelten den VW-Bus – an Bord einige große und kleine, allesamt liebe Ponykinder sowie Lara-Mareike und fuhren los Richtung Osten. Nach drei Stunden kamen wir am vereinbarten Treffpunkt an. Aus einem geöffneten Pferdehänger strahlte uns ein brauner, kleiner Herzchenpo entgegen. „Darf ich, Mama?" fragte Lara, und unter meinem Nicken kletterte das fünfjährige Mädchen in den Hänger, ließ sich die Ponydame übergeben und wanderte los am Halfterband mit dem ebenfalls fünfjährigen Pony über die als Treffpunkt vereinbarte Wiese, flaniert wurde sie von der kleinen Traube unverhohlen bewundernder Ponykinder.

Das Pony war herzallerliebst und artig (das Wetter schön und ruhig; Pferde benehmen sich bei ruhigem Wetter besser), die Situation schien genügend gesichert. So wendete ich mich zum geschäftlichen Teil dem Verkäufer des Ponys zu. Liebe und höfliche Menschen – ein junger Mann und eine junge Frau. Der jungen Frau standen die Tränen in den Augen. Der Anblick des blonden Kindes mit dem Ponystütchen hatte sie in Trauer überwältigt. Sie mußte Märchen verkaufen, weil sie urplötzlich eine Pferdeallergie bekommen hatte. Ich mußte an das Verkaufsfoto denken, das einen kleinen blonden Jungen Wange an Wange mit dem Pony gezeigt hatte. Tränen beim Verkauf können häufig eine besondere Bedeutung beim weiteren Werdegang eines Pferdes haben! Zunächst waren wir alle etwas bewegt und betroffen – dennoch auch glücklich und froh, daß das über Zeitung gekaufte Pony sich als so wunderschön und brav herausstellte.

Auf unsere Ansage hin sprang Märchen heiter und munter mit den Kindern in den VW-Bus und wir fuhren heimwärts. Sie war auf dem Mittelgang zwischen den Sitzen postiert und schaute munter neben mir als Fahrerin und Anne-Kathrin als Beifahrerin aus dem Frontfenster. Die Kinder hatten einen Mordsspaß, weil in vielen vorbeifahrenden Autos alle Insassen verwundert und belustigt den Hals verdrehten, nachdem sie ein Pony im Auto entdeckt hatten. Schon bei der ersten Autofahrt diskutierten die Kinder die großen Vorzüge, ein blaues und ein braunes Auge zu haben. Das blaue Auge, fanden sie, sah frech und keck aus, das braune Auge sanft und märchenhaft. Zwei Seelen, ach, in einer Brust. In den meisten Rassezuchten sind blaue Augen des Pferdes ein Fehlerpoint. Wir alle konnten diese Farbeigenschaft nur als starke persönli-

Märchen ist ein sehr artiges Führpony. Foto: v. d. Sode

Märchen mit Lara-Mareike und Daniel, dem von ihr erwählten Team. Foto: v. d. Sode

Aber dieses Märchen sollte ihr von ihr selbst ausgesuchtes Ganz-alleine-Pony sein. Bitte – es würde doch so gut zu ihr passen. Wie konnte ich also nein sagen und wußte doch schon, daß mein besonnenes und konzentriertes, fein abgestimmtes Töchterchen sich immer etwas oder jemand Wildes, Ungebärdiges und Feuriges als Partner sucht.

Zunächst jedoch fiel im ersten Gesamteindruck auf, daß das Pony Märchen sich in einem außerordentlich guten Pflegezustand befand. Sozusagen gewaschen, gefönt und onduliert. Sie sah aus wie ein Schaupony – Mähne und Schweif waren gleichmäßig gestuft – das ganze Pony war im Lack. Hier hatte ein Erwachsener mit viel Liebe hantiert und offensichtlich häufig und nicht erst am Verkaufstag.

Immer noch optimistisch sprang Märchen am neuen Heimatort aus dem Bus heraus und wurde von zwei Kindern über den Hof spazierengeführt. Danach kam sie auf einen Einzelpaddock neben die Herde. Das nun gefiel ihr gar nicht. Sie raste wiehernd auf und ab und wollte – einmal freigelassen – unbedingt in Pferdegesellschaft sein. Schweren Herzens entließen wir sie auf eine mehrere Hektar große Koppel, die überwiegend von einer 15köpfigen Haflingerherde besetzt war. Kopflos, aufdringlich und von der Sehnsucht nach anderen Pferden getrieben, raste Märchen in die Herde hinein. Doch diese drehte den Spieß um und scheuchte gemeinsam das Pony gegen den Zaun. Ich konnte gerade noch das Tor aufreißen und das Ponystütchen durchlassen. Leider beteiligte sich auch Shetlandwallach „Mäxchen" an der Jagd und stellte sein Wächterverhalten gegenüber den tragenden Haflingerstuten über das Interesse an einem Stütchen gleicher Art und gleicher Rasse. So war Mär-

che Eigenheit sehen, sogar als Besonderheit, etwas zum Rühmen.

Lara-Mareike hatte schon mit mir einen Handel geschlossen. Ihr von mir für sie ausgesuchtes superartiges ausgereiftes Shetlandpony „Mäxchen" sollte halb sein Brot im Ponyclub verdienen und ihr weiterhin nur halb gehören.

chens Ankommenserlebnis in der neuen Pferdeherde ein enttäuschender Fehlschlag und sie verbrachte die ersten Nächte in einer Box.

Nach ein paar Tagen war sie in eine extra zusammengestellte Shettyherde integriert. Dennoch wurden ihre Augen traurig und sie ließ den Kopf hängen. Jetzt erst hatte sie in ihrem Herzen den Verkauf realisiert, daß es sich nicht um einen spannenden Ausflug handelte, sondern um einen Wechsel von Bezugspersonen, Heimatort und Aufgabenstellung. Zudem hatte nicht ein einzelner erwachsener Pferdemensch Zeit und Elan, sie hochwertig aufzurüschen. Sie war Teil eines Clubs geworden, einer 17köpfigen Pferde- und Ponyherde. Die von ganzem Herzen gegebene Zuwendung eines fünfjährigen gleichaltrigen Kindes konnte ihr nicht darüber hinweghelfen, einen großen Heimat- und Statusverlust erlitten zu haben. In diesen Tagen nannte ich sie häufig deutlich ins Ohr hinein: „Lissy, ich weiß, daß du eigentlich Lissy heißt – jedoch wir wollen dich Märchen nennen, weil du märchenhaft schön aussiehst und wir wollen, daß du es gut bei uns hast und daß es dir bald gut bei uns gefällt!" Den Namen zu ändern, kann ein schwieriger Schritt für die Identitätsfindung eines Pferdes sein. In dem Fall empfiehlt sich, eine Zeitlang den alten und den neuen Namen zu benutzen oder einen ähnlich klingenden Namen auszusuchen, zum Beispiel Lissy – Sissy. In unserem Fall war uns danach, diesem

Märchen hilft Lara-Mareike und Daniel beim Reiterfest. Foto: v. d. Sode

Traumpony einen weichen Namen zu geben: „Märchen". Ein negativ besetztes Namens-image verändere ich jedoch gezielt, zum Bei-spiel Satan in Sonnenstrahl oder Höllenfürst in Himalaya. Schließlich wollen auch Sie nicht Herr Scheiße oder Frau Blöd heißen.

Für die kleine Lara-Mareike war die bedrückte Stimmung des Ponys Märchen schwer auszuhalten, meinte sie doch alles von Herzen gut. Hufe auskratzen, führen, Mähne bürsten – nichts von alledem schien ihren Zustand von Abschied und Trauer beeinflussen zu können. So konnte Lara-Marei-ke, fünf Jahre, lernen:

- daß auch Pferde treue Freunde sind
- daß Tränen beim Abschied und nachhalti-ges Nicht-loslassen-können den Werdegang in ein neues Leben belasten können, wenn sie nicht von guten Wünschen im Ausblick nach vorne unterlegt sind
- daß sie sich die Freundschaft zu ihrem von ihr selbst ausgesuchten Traumpony erst ver-dienen muß und auch erwarten können sollte

Für mich selber konnte ich an dem Shetland-ponystütchen „Märchen" noch einmal realisie-ren, daß es ein Irrtum ist, ein erstklassig ausge-bildetes Lieblings- und Einzelpony zu kaufen

Märchen mit „Amy und ihren Wildgänsen" – allen Shettyreitern im Ponymusical. Foto: Archiv v. d. Sode

und unter „ferner liefen" innerhalb einer Gruppe zu betreuen und einzusetzen. Die Ansprüche des Pferdes und seine Talente sind auf hohem Niveau entwickelt und wollen bedient und abgerufen werden. Es ist viel einfacher, Kinder und Pferde gemeinsam auszubilden, da die Ansprüche gemeinsam entwickelt und eingegrenzt werden. Und es ist nicht eben selten, daß eine Pferdepersönlichkeit, die bis dahin harmonisch eingestellt und zufrieden ist (im Volksmund artig) auf einmal innerhalb neuer Bezüge aufgekratzt, aufmüpfig und unrund ist. So war Märchen also in dem einen Stall topbrav und superartig und bei uns eine Diva. Zudem bewahrheitete sich wieder einmal: ein Shetty ist am besten zu halten jenseits der zwölf Jahre. Dann – wenn der unbelehrte Reiter sie schon zum alten Eisen erklärt – sind sie erst richtig reif für die Zusammenarbeit, die dann häufig noch fünfzehn Jahre bei voller Belastungsfähigkeit währt.

Nach einigen Monaten wurde das Märchen – sie war bei ihrer Ankunft für wahrscheinlich tragend erklärt worden – stolz und problemlos Mutter eines wunderschönen Hengstfohlens namens Felix. Sie war auch schon bei diesem ersten Fohlen eine sehr gute Mutterstute und stellte ihn uns von Anfang an gerne vor. Von nun an schien sie angekommen und hatte einen hohen Rang in der Herde. Jedoch war sie weiterhin märchenhaft frech. Eher wie ein Rumpelstilzchen als wie ein Schneewittchen. Sie begrüßte und akzeptierte nach der Eingewöhnungszeit nur die kleine Lara, deren Zuwendungen in ihrem Herzen angekommen waren. Alle anderen Kinder kniff sie beim Aufsitzen ins Gesäß oder buckelte sie nach dem Aufsitzen wieder herunter. Und mich hätte sie

gerne am Arbeitsplatz ignoriert. Zudem erwies sich als schwierig, daß sie eigentlich vom Ausbildungsstand her gar nicht zugeritten, sondern nur reiterfromm war. Denn sie war ein kleines 1 m großes Pony und die kleinen Reiter hatten zwar ein großes Herz, jedoch nicht die erforderlichen reiterlichen Fertigkeiten, ein sich bockbeinig einstellendes Stütchen auszubilden oder Korrektur zu reiten. Meine gut reitenden großen 14jährigen Ponyclubmädchen waren dem anspruchsvollen Pony jedoch zu groß und zu stur – mit denen lief sie gar nicht oder nur eine Runde, drehte sich auf der Stelle oder ging vorne und hinten hoch. Wenn Märchen in Schwung war, war dieser zu temperamentvoll und hoch. Der Trab hatte zu viel Raumgriff, die Galoppade war zügig und mächtig, der Rücken war noch nicht ganz ausbalanciert. Märchen ließ daher eher schlecht sitzen. Zudem, wie bei vielen Shettys, paßte der Sattel nicht so gut und sie sollte meistens mit Schweifriemen geritten werden, was ihre Widerspenstigkeit erhöhte, da er an der Schweifrübe kniff. Anfangs hatte Märchen auch dadurch die schlechte Eigenschaft, nach anderen Stuten ihrer eigenen Herde auszuschlagen oder beim Trab und Galopp im Wald frisch voran von dannen zu ziehen. Kurzum – es handelte sich eher um ein Schaupony als ein Kinderpony. In dem Moment, in dem ein gut angelerntes Kind alle Einstellungen und Kniffe bezüglich dieses Pferdes kennt, ist es wahrscheinlich zu groß oder zu schwer für Märchen. Es ist ein Liebhaberpony – aber keines, das nur als Dekoration hinters Haus gestellt werden kann. Sie ist in jedem Fall eine sehr gute Zuchtstute für die Farbzuchten. Leider hat sie keine Papiere, somit ist ein Züchten über den Eigenbedarf hinaus relativ sinnlos.

Märchen und Florian toben sich beide über den Sprüngen aus und freuen sich an der gelungenen Abstimmung miteinander.

Wie läßt sich nun ein solches kleines turbotolles Pony für eine Gruppe im Ponyclub trainieren? Nach der Feldenkraismethode finden wir alle Wege heraus, die gehen. Wir lernen sie kennen und schleifen sie über präzise Wiederholung und Routine ein. Wir finden weiterhin alles heraus, was an Vollzügen und Vorgängen nicht geht. Diese merken wir uns – bestehen jedoch nicht auf eine Verwirklichung. Wir folgen also nicht unseren Plänen und Vorstellungen, sondern suchen im sogenannten Pacing ähnliche Vollzüge für das, was geht, und einander ähnliche Vollzüge für das, was nicht geht. Wir haben die Erwartung,

daß, wenn ein Weg versperrt ist, durch die Nervenbahnen zum Gehirn ein parallel verlaufender ähnlicher Weg frei sein könnte und auf seine Erprobung wartet.

Im Feldenkrais mental stellen wir uns ein auf die Vorzüge und Talente eines Pferdes und lieben es damit. Seine Schwächen und Eigenheiten versuchen wir geschickt umzubelehren oder richten uns auf sie ein.

Im Feldenkrais verbal wenden wir uns an Pferd (und auch den Reiter): Feine Talente hast du – magst du es auch auf eine ähnliche Weise noch einmal tun – und auf eine wieder andere Weise so ähnlich noch einmal? Du kannst zum

Beispiel den vortreibenden und den seitwärtstreibenden Schenkel nicht aushalten? Wir werden andere Wege suchen und finden, unsere Botschaft: „Lauf voran" mitzuteilen und sie durchzubringen.

Im Feldenkrais emotional haben wir als Eigenheit beobachtet, daß du nur zwei Leute magst. Lara-Mareike und vorzugsweise Jungen. Okay – wir schlagen alle anderen Mitbewerber aus dem Feld, dann kannst du mit deinen von dir auserwählten Reitern mehr als ordentlich laufen.

Die praktische Trainingsanwendung in bezug auf das Ponystütchen Märchen können Sie sich wie folgt vorstellen. Märchen hat nur zwei feste Reiter ihrer Wahl, Lara-Mareike und Daniel. Lara-Mareike springt mit ihr und übt in kurzen Intervallen den spanischen Schritt. Ansonsten läßt sie alles weg, was zu aufregend ist. Daniel reitet am liebsten aus, übt dabei alle Positionen ein – vorne, hinten und in der Mitte zu reiten – von der Gruppe weg und vor der Gruppe her. Er hat einen starken Willen, ist dabei jedoch recht ruhig. Technisch nicht so stark, da der Zügel oft zu kurz ist, hat er sich stolz mit seinem Lieblingspony zurechtgerauft.

Ich selber bin immer zehnminutenweise die Korrekturreiterin. Diese kurze Zeit kann Märchen mich tragen (man kann am Auffußen der Hinterhand merken, ob man zu schwer ist für ein Pferd). Ich habe herausgefunden, daß das Märchen am liebsten im Cowboystil geritten wird. Sie möchte keinen Schenkeleinsatz, sondern aus dem Sitz heraus vortreibende und seitwärtstreibende Impulse bekommen. Die Hand darf eher hoch sein – Märchen läuft zeitweise gerne mit einem hohen und frei hingehaltenen Genick.

Märchen ist ein erstklassiges Springpony. Schon gesattelt und aufgetrenst düst sie ohne Voranmeldung ohne Reiter los und springt einen Parcours durch. Sie springt an der Longe und mit Reiter und in allen Lebenslagen. Unser 14jähriger Florian wird mit ihr über die Sprünge gebeten – zu Fuß. Beide machen das sehr gut und fein miteinander abgestimmt. Dadurch, daß das Märchen hochtalentiert und gleichzeitig kompliziert veranlagt ist, ist sie trainingsintensiv. Kein Pferd, das die Kinder alleine und nebenbei beschicken können. Wünschenswert wäre natürlich ein stetiger Rhythmus im Training. Diese Zeit haben wir nicht. Im Ausblick wird sie eine wundervolle Zuchtstute werden für die Farbzucht und in der Schauponyvererbung.

Der Versuch, dem Kind ein adäquat ausgebildetes Pony für seine reiterliche Laufbahn anzubieten, war fehlgeschlagen. Doch gesucht hat sie sich ein Pferdchen, das Freude bringt durch sein autonomes keckes Wesen. Es war eine Wahl des Herzens – eine große Freude. Die Bändigung der Ungebändigten. Ist das nicht ebensoviel wert wie das perfekte technische Reiten? Ein Pony, das zu uns spricht und Freiheit lebt. Mittlerweile tauscht Märchen als Dank an unsere respektvolle Vorgehensweise gutes Benehmen zurück. Sie läuft einen Spielwettbewerb oder eine Quadrille minutenlang problemlos durch als Teilnehmerin im Ponymusical. Bei Vicky Leandros auf dem Weihnachtsmarkt in Basthorst gab sie problemlos das Führpony für kleine Kinder rund um den Weihnachtsbaum auf hartem Kopfsteinpflaster. Sie wollte im Kreise der anderen Shettys auch eine Ponyfee sein. Wir sind stolz auf sie. Sie hat gelernt zurückzugeben, wenn es dran ist, und dabei zufrieden zu sein.

SVEA

– BAGUETTEMAUL UND BRÖTCHENPO

Julia ist eine Reiterin im Ponyclub. Von ihrem achten Lebensjahr an stand sie täglich da: „Hilfst du mir beim Reiten?" Jetzt ist sie 14 Jahre alt und eine sehr gute Reiterin. Alles, was andere Leute zu Fuß erledigen, erledigt Julia per Pferd. Man mag Julia auch gerne auf jedes Pferd lassen. Sie hat eine ruhige und gute Art sowohl im Umgang mit dem Pferd als auch beim Reiten – ein erdverbundener Mensch, ausgestattet mit einem guten Sportsgeist, jedoch ohne Tollkühnheit und falsche Wagnis, die ein anderes Pferd beunruhigen würden.

Natürlich wünschte Julia sich von Anfang an ein eigenes Pferd oder Pony. Nachdem anfangs ihr Traumpferd ein Haflinger war, denkt sie nun mit ihren fortgeschrittenen reiterlichen Techniken eher an einen Partbred-Araber oder an ein anderes edles, aber solides Pferd um 1,50 m Stockmaß.

Rund um Julias Konfirmation suchten Anverwandte, Freunde und Nachbarn nun nach einer Lösung, um Julias Bedürfnis halbwegs entgegenzukommen. Und so trat Svea in Julias Leben. Eine 24jährige Fjordstute wurde – wohl in einem Freundschaftshandel – abgekauft. Die Papiere blieben beim Vorbesitzer, sie waren wahrscheinlich längst verschollen. Julia holte voller Stolz ihr neues Pferd ab. Sie ritt es heim, von einer Fußgängerin begleitet, und freudvoll und voller Stolz kam Svea mit auf den eineinhalbstündigen Heimweg. Ein ganzes Dorf nahm sie wohlwollend in Empfang: „Unser Julchen hat jetzt ein eigenes Pferd!"

Das an anderer Stelle beschriebene Phänomen von „der Angst, verkauft zu werden" hatte Svea nicht. Es gab bei ihr keinen wehmütigen Blick zurück und sie fühlte sich, obwohl schon 24 Jahre alt, nicht verschoben und verlassen, sondern blickte mit Freude und Optimismus in die Zukunft. Das ist nicht selbstverständlich bei einem so alten Pferd, erklärt sich aber aus ihrer Lebensgeschichte. Ein ganzes Pferdeleben lang hatte Svea in ihrer Verkäuferfamilie zugebracht. Sie war angekauft worden als Helferin für die Tochter des Hauses, die nach einem Autounfall therapiebedürftig war. Svea lebte allein zwischen Kühen auf einer Hauskoppel und hatte sich offensichtlich emotional gut damit arrangiert. Sie war geritten und gefahren worden. Eine überalterte Kutsche und ein brüchiges Geschirr wurden bei dem Handel mitgeliefert.

Jedoch war Svea jetzt 24 Jahre alt und seit mindestens zehn Jahren nicht mehr gebraucht worden. Ein Jahr vor Übergabe hätten Bauarbeiter spaßeshalber reitend mit ihr herumgekaspert – eine Aktion, die fast nur mit einem Fjordpferd möglich ist, da jedoch mit Humorigkeit und Toleranz angenommen wird. Seitdem lag sie brach mit ihren bärenstarken Kräften, Talenten und Ausbildungen und auch in ihrem Wunsch nach Ansprache und Kontakt.

Wie Julia berichtete, war der Hausherr und Verkäufer in ihrem Beisein eher barsch und grob mit Svea umgegangen, so war alle freundliche Ansprache und feine Abstimmung wohl eher von der Tochter ausgegangen und lag lange zurück. Insofern ist es dann nicht weiter verwunderlich, daß alle von Julia ausströmende Freude und Willkommensenergie bei dem Pferd Optimismus auslöste und keine Verhaltenheit beim Verkauf spürbar war.

Als Kennerin verschiedener Pferderassen sage ich beim Fjordpferd immer: „In einem mächtigen Körper wohnt eine sehr zarte Seele!" Ich bin eine große Freundin der Fjordis – als Familienpferd, für die Therapien rund ums Pferd, für das Anfängervoltigieren (eher im Trab) und für wundervolle Ausritte mit

Svea und Julia sind Freunde. Foto: v. d. Sode

und ohne Sattel, auch zu zweit im Doppelpack. Alle norwegischen Fjordpferde, die ich hatte, konnten einem reitend das Gefühl geben, auf dem Familiensofa zu sitzen, und vermittelten daher Wärme und Entspannung.

Aus der Feldenkraismethode weiß ich: wenn der Körper sehr mächtig und bärenstark ist und ich ihn belasten will durch körperliche Beanspruchung oder auch emotional, sollte er gut ausbalanciert sein, damit alle Energien gut fließen können. Schließlich hat das norwegische Fjordpferd Ausstattung und Design zum Holzrücken. Einem solchen starken Pferd kann man sein Mädelchen nur anvertrauen, wenn es sich seiner körperlichen Kräfte zwar bewußt ist, sie aufgrund eines harmonischen Zusammenspiels körperlicher und seelischer Kräfte jedoch nur für dich und nicht gegen dich einsetzt. Wenn ein Fjordpferd sich starr, schief, schmerzvoll oder unbeweglich fühlt und es dadurch aus der Balance ist, kann es seine Kräfte leicht gegen dich einsetzen. Typisch wäre dann, das Maul zu verschließen, den Hals zu verdrehen und wie eine Lawine im Schritt oder Trab in die falsche Richtung loszulaufen. Im gefangenen Raum kann es passieren, daß ein Fjordi oder ein anderes der grobmotorischen Kaltblutrassen dich umläuft oder Gegenstände umläuft, wenn es in Starre oder Not gerät, auch ohne Rücksicht darauf, ob man als Reiter dabei verletzt wird oder nicht. Man sollte das wissen, wenn man ein Kaltblutpferd oder ähnliche Rassen, wie zum Beispiel das norwegische Fjordpferd, aus der Imbalance in die Balance zurückholen will. Im Gegensatz zum Umgang mit anderen Rassen tue ich das nicht in erster Linie über Bodenarbeit, Longieren und Freilaufen des Pferdes. Ich setze einen Reiter ein, kommuniziere mit Reiter und Pferd auf einem abwechslungsreichen freiheitlichen Gelände, vorzugsweise im Wald und in einem ruhigen Tempo. Andere Pferde als Verstärker sind dabei erwünscht, jedoch nicht Voraussetzung. Ein ausbalancierter Körper beim Fjordpferd alten Types, den Svea hier vertritt, kennzeichnet sich durch das Zusammenpassen der drei Gebäudeeinheiten Vorhand, Mittelhand und Hinterhand. Sie dürfen alle drei einen gleichgewichtigen runden Eindruck machen und auf tragfähigen, geöffneten großen Hufen stehen. Als Gesamteindruck fällt mir immer ein: „Rund und schön!"

Svea zeigt alle diese Idealmerkmale des guten, balancierten Gewichtsträgers. Und so kennzeichnete Sportreiterin Christiane sie treffend: „Svea ist wundervoll, Baguettemaul und Brötchenpo!"

Seelische Merkmale, auch von gutem Gemüt und entspanntem Wesen, kann man am Gesicht des Pferdes erkennen. Svea hat einen wundervollen, großmütigen, weiblichen, auch mütterlichen Gesichtsausdruck. Aus der Feldenkraislehre kann man den Gesichtsausdruck in seiner guten tragfähigen und daher belastbaren seelischen Balance an Einzelmerkmalen identifizieren und feststellen. Svea hat dieses wirklich gute Gesicht und schaut dich warmherzig und geradlinig aus rehbraunen Augen an. Das „geöffnete" Auge ist ein Ausdrucksmerkmal für gutes seelisches Gleichgewicht. Es strahlt gewissermaßen, hat aber einen ruhigen Glanz mit dem Ausdruck von Stolz und Selbstgefühl. Ein introvertierter, frustrierter Augenausdruck oder der eher sture, gar besorgte Blick aus den Augen des Pferdes bedeuten, daß Gleichgewichtsarbeit auf uns zukommt, da das Pferd nicht in seiner seelischen Balance ist. Es ruht insofern nicht in sich und es ist eine Illusion, es pferdegerecht verläßlich einsetzen zu wollen. Ein weiteres Merkmal für das Einschätzen vom Gesichtsausdruck finden wir im Betrachten der Stirnlinie. Ein ruhiger Kopf hat auch eine entspannte Stirn. Sie ist gewissermaßen weich und geglättet mit einem recht großen Raum zwischen den Augen und von den Augen zu den Ohren. So ist es bei Svea

Julia und die alte Svea haben noch viel Spaß miteinander. Foto: K. Wedekind

und damit hat sie auch Raum für ruhiges, zugewandtes Denken.

Im Gesamteindruck vom Gesicht des Pferdes und damit seiner wesenhaften Belastbarkeit schaue ich auch darauf, wie die Augen eingebettet sind in die Augenhöhlen und wie entspannt die Augenlider darüber gehalten sind. Tiefe Kuhlen über den Augen sind daher nur bei einem sehr alten Pferd (über 20 Jahre) normal. Sie zeigen ansonsten an, daß das Pferd schwerere Gesundheitsmängel oder unverarbeitete Unfälle in sich trägt und sein Arbeitseinsatz sowohl mental als auch körperlich davon beeinträchtigt wird. Wenn die Augenlider in vielen Falten gehalten werden oder

immer knibbeln, ist auch hier ein Zeichen dafür zu sehen, daß das Pferd nicht geklärt und stark in die Welt guckt. Jedoch sind solche Merkmale über die positive Zusammenarbeit mit dem Pferd über den Zeitraum von Monaten und Jahren veränderbar. Die Grundlage dafür ist das Erkennen und der Wunsch, das Pferd in seiner körperlichen und seelischen Gesundheit zu unterstützen. Einfacher und sicherer ist es, sich die Probleme gar nicht erst einzukaufen, insbesondere, wenn Kinder selbständig mit den Pferdchen umgehen sollten. Intuitiv gewählt, ist Fjordpferd Svea auch unter diesem Aspekt eine sehr gute Gabe. Gesichtsausdruck als Wesensmerkmal findet

Wir haben den Eindruck, daß die alte Svea Zellulite am Brötchenpo hat. Foto: K. Wedekind

sich auch im Ohrenspiel des Pferdes wieder. Pferdeohren sollten sich handwarm anfühlen. Große Kälte zeigt Krankheit und gestörten Energiefluß an. Wir wissen aus der Akupunkturlehre, daß alle Akupressurpunkte des gesamten Organismus sich im Ohr wiederfinden und von dort aus auch behandelt werden können. Pferdeohren sollten fühlbar angenehm warm, aber auch weich sein. Brettharte Ohrenpartien sind Merkmale eines geschwächten, kranken Körpers und sollten mit leisen und sanften Berührungen zwischen den Kuppen von Daumen, Zeigefinger und Mittelfinger massiert und in rechtskreisenden Berührungen aufgeweckt werden. Es ist immer ein auffälliges Merkmal, wenn ein Pferd sich nicht gerne an und in den Ohren anfassen läßt. Oft jedoch rührt diese Überempfindlichkeit auch an Starre in Halswirbelsäule und Genick des Pferdes und hat mit den Ohren als Spiegel der Seele nichts zu tun. Die Ohren eines gut balancierten, seelisch gelassenen Pferdes sind auch entspannt im Gelenk. Dann können Sie mit einem soliden, weichen elastischen Griff an das Ohr fassen und es im Gelenk kreisen. So wird Ohrenspiel für das Pferd möglich. Festgestellte Ohren kennzeichnen chronisch unterlegt Angst und Schreckbereitschaft, die sie für das Reiten und auch beim Kutschieren nicht brauchen können. Doch auch in dieser Hinsicht ist die lange brachgelegte Svea ein gutes Mädchenpferd.

Kurze Ohren kennzeichnen eher den stureren Typus oder Rassetyp und lange tütenförmige Ohren eher das einfach gestrickte langsamer denkende Pferd. Im Portraitmerkmal wünschen wir uns spitz zulaufende Ohren mit differenzierten Ohrenspitzen, die nur bei manchen besonders dafür hervorgehobenen Pfer-

derassen sichelförmig einwärts verlaufen sollen. Wenn ich mir ein angenehmes Pferdegesicht vor Augen halte, sehe ich weiterhin eine entspannte Maulpartie vor mir. Oberlippe und Unterlippe halten sich entspannt, jedoch gesammelt zueinander, wobei bei einem über 20jährigen Pferd die Unterlippe auch hängen darf. Das Pferd ist im Maul gut eingespeichelt und daher feucht. Es sollte gerne und gut berührbar sein am Zahnfleisch, auf den Zähnen, in den Maulwinkeln und an der Ober- und Unterlippe. Das vereinfacht nicht nur den Umgang beim Zähneraspeln oder Eingeben von Wurmkuren und Medizinen. Natürlich kann nur bei einer entspannten Maulpartie die Kommunikation über die Anlehnung zwischen Pferdegebiß und Reiterhand leicht, direkt und harmonisch erfolgen. Wege der Entwicklung führen über Maulmassagen und gebißfreies Reiten. Aber wieder wäre es einfacher, Sie wüßten gleich beim Kauf des Pferdes, wieviele Probleme und wieviel Arbeit Sie miteinkaufen.

Aus der Feldenkraismethode wissen wir, daß der lockere, fühlende Mund einhergeht mit dem guten entspannten Verlauf während der oralen Phase in der Kindesentwicklung. Insofern ist beim Pferd ein entspannt hingehaltenes Maul immer als ein Zeichen zu sehen, daß es im Reifegrad emotional zufrieden und erwachsen und daher reitbereit ist. Zusätzlich wünschen wir uns, daß das Pferd auch im Kinn nicht neurotisch fest ist, sondern locker und entspannt – friedlich denkend. So würden wir bei der Maulmassage auch gleichzeitig Anwendungen für das Kinn bereithalten, es streichen, kneten, massieren und halten.

Einen an dieser Stelle relevanten letzten Faktor der Reihe der guten Portraitmerkmale möchte ich noch beschreiben: die entspannt gehaltenen Nüstern. Geöffnet in gleichmäßiger ruhiger Bewegung und in der Berührung von innen und außen warm, weich und bewegbar, kennzeichnet die Öffnung der Nüstern eine Öffnung des Pferdes zur Welt. Verkniffene Nüstern oder weit aufgerissene Trompeten geben uns Anmahnung vor, das Pferd in angemessene Atmung und solide Kontaktbereitschaft zurückholen zu wollen.

Die Fjordstute Svea also hat ein wunderbares Gesicht – zum Verlieben und Sich-Anlehnen. Sie hat einen gleichmäßigen Körper – ausgewogen und harmonisch. Sie zeigte keine Vorbehalte umzuziehen, insbesondere, da ihre Lebensumstände fast identisch waren. Sie steht wieder bei einem jungen Mädchen hinter dem Haus, alleine im Offenstall zwischen lauter Kühen und Kälbern, bei bester Versorgung. Jeden Tag kommt Julia – putzt sie, redet mit ihr und schmückt sie aus.

Trotzdem gibt es Probleme: Am zweiten Tag nach der Ankunft will Julia mit Svea losreiten – nur 150 m hinunter zum Ponyclub. Doch Svea läuft nicht, nicht einen Schritt. Sie steht statuenartig auf der Dorfstraße und sieht unseren gesammelten Bemühungen interessiert entgegen. Ich persönlich winke Julia nur zu und denke: „Sie wird es schon hinkriegen!" Die im Gemüsegarten arbeitende Bauersfrau steht lächelnd da und sagt: „Man muß doch Verständnis haben für so ein altes Pferd!" „Genau" sage ich, „sie muß sich ja auf ihre neue Aufgabe erst einrichten."

Die Ponykinder hüpfen zu Fuß immer wieder zu dem Standbild Julia und Svea hin und darum herum, muntern beide auf und freuen sich einfach. Nach drei Stunden ist der Ponyclub um – wir winken Julia zu und gehen nach Hause und auch sie wendet ihr Pferd um und fröhlich geht Svea ihre 50 m in ihr neues Zuhause zurück.

Meine Gedanken dazu verliefen folgendermaßen:
• Es kann sein, daß Svea auf diesem ersten Ritt beim Ankauf sich doch übernommen hatte und einen enormen Muskelkater verspürte. Dieses würde nach zwei Tagen vorbeigehen.
• Vielleicht hatte Svea Angst, sie würde zurückgeführt in ihr altes Zuhause, und zeigte in Fjordsprache, daß sie dazu nicht bereit ist.
• Vielleicht kennt sie die reiterlichen Hilfen in ihrem kleinen ABC nicht und läuft seit 24 Jahren nur per Zufall mit Reiter den einen Weg entlang und den anderen nicht. Die nächsten Wochen sollten jedoch zeigen, daß ihr reiterliches Hilfenpensum zwar schmal, aber dennoch im Ansatz vorhanden war.
• Sie hatte Angst vor den anderen Pferden im Ponyclub, vielleicht war sie ja in ihrem Selbstverständnis eine Kuh.

Ich beriet mich mit Julia und Julia beriet sich mit mir. Über den Zeitraum von etwa zwei Wochen gelang es, Svea nach und nach mit reiterlichen Mitteln in Gang zu setzen, auch in die Richtung von zu Hause fort. Julia – in großer Liebe – zog alle Register. Wartete mit Verständnis, zog und schob, es setzte Hiebe, es gab Schimpfe, viele Leckerlis und Hafer beim Ankommen am Ponyclub. Zentimeterweise und nach und nach setzte Svea sich in Gang. Zwischen den Ponys im Club mochte sie gerne laufen und manchmal ging sie von da aus dann nicht mehr nach Hause oder in den Wald hinein. Im Zeitraum von zwei Monaten lief Svea an zwei bis vier Tagen wöchentlich eine kleinere

Tour von einer Dreiviertelstunde. Julia machte den Dorfreinigungstag müllsammelnderweise auf Svea mit und am Jagdtag war Svea vor der Kutsche, auf die das erlegte Wildbret eingesammelt wurde. Jedoch belastbarer war sie nicht, und am Musicaltag fiel sie aus wegen Krankheit, dabei sollte sie nur zwischen den Engeln als Wolke verkleidet umherlaufen.

Mit dem Tag, mit dem sie in Bewegung gesetzt wurde, bekam Svea viele Hufgeschwüre. So wurde das Laufen für sie schmerzhaft. Da sie gelebt hatte wie eine Kuh, hatte sie das Laufen buchstäblich verlernt. Die Lunge war zugesetzt über die ganzen Jahre ohne Bewegung. Dicker Eiter floß permanent aus Sveas Nase, doch in diesem feuchten, stockigen Winter setzte sich Sveas Nase eher zu und sie wurde apathisch und wieder unbeweglich. Der Tierarzt diagnostizierte allgemeine Arthrose und Rheuma, was zusätzlich alles sicher richtig ist. Er gibt ihr keine guten Lebenschancen mehr, behandelt aber mit Cortison und Penicillin. Das Mädchen Julia vertiefter in den Lehren der ganzheitlichen Medizin zu unterrichten, würde den dörflichen Rahmen sprengen. Trotzdem fühlt sie sich intuitiv gut ein und bespricht sich weiter mit mir. Nach einigen schmerzvollen Tagen hat sie auch schon einen Vorabschied vom Pferd genommen, da der Tierarzt das Pferd eigentlich nach wenigen Tagen einschläfern wollte.

Svea lebt immer noch. Dennoch halte ich mich mit dem Einsatz ganzheitlicher Lehren und der Alternativmedizin zurück. Analog und getreu der Feldenkraislehre weiß ich auch nicht, ob Sveas Organismus in dieser familiären Konstellation, an der sie jedoch hängt, weil sie ihr vertraut ist, noch Selbstheilungskräfte aktiviert oder nicht. Außerdem wirkt die Lehre

Svea hat freundliche Augen und kleine, aber differenzierte Ohren. Foto: v. d. Sode

nur, wenn sie abgefragt wird. Überbügeln kann man sie nicht. Die Heilung kommt von innen mit dem Lernen neuer Wege, die von mir vorgeschlagen und begehbar gemacht werden.

Trotzdem habe ich natürlich eine Meinung. Das Pferd hätte nicht verkauft werden sollen. Es war höchstens für eine Schenkung gut. Das Kaufgeld wäre dann frei gewesen für ein belastbares Pferd für Julia. Sie konnte ihren

In Sveas 20jähriger Freundschaft mit Kühen ist sie vielleicht in ihrem Selbstbild auch eine Kuh. Foto: v. d. Sode

Nähr- und Pflegetrieb zwar an diesem Pferd weiter einüben und ausbilden, hat aber nach sehr kurzer Zeit schon Trauer und Abschied zu verarbeiten.

Der große Drang von Julia, seit dem achten Lebensjahr täglich zu reiten, kommt aus ihrem eigenen Organismus. Dort liegt ein im Hüftgelenk anzusiedelnder Energiestau vor, den sie auf meinen sportlich zu reitenden Pferden täglich und erfolgreich selbst bearbeitet hat. Sie hat über das Reiten selber das belastbare Laufen gelernt.

Es wird immer gesagt, ein Mädchen soll sich ein Pferd kaufen, wenn es selber Geld verdient. Ich jedoch meine, die Zeit des täglichen Reitens ist die Zeit der Jugend. Das Erwachsen-sein stellt andere Aufgaben. Ich hätte Julia ein sportliches Pferd gegönnt zum Springen, Ringreiten und für Geschicklichkeitswettbewerbe.

Sanfte wunderschöne Svea, Baguettemaul und Brötchenpo, führte das Leben einer Kuh. An pferdegerechte Bewegung herangeführt, hielt der Organismus nicht mehr stand. Julia selber befindet sich mit ihrer Familie und ihrem Dorf in wunderbarem Einklang. Dazu gehört auch der Verzicht auf manchen Aspekt von Entwicklung. Julia möchte die Begegnung und Erfahrung mit Svea nicht einen Tag missen – insofern hat alles seine Richtigkeit. „Mein nächstes Pferd jedoch", sagt sie, „wird jung, schnell und groß." Das wünsche ich ihr in nicht so weiter Ferne.

TORRO

– MENSCHEN SIND SCHRECKLICH, KINDER NOCH SCHRECKLICHER, AM SCHRECKLICHSTEN SIND PLASTIKTÜTEN

Torro ist ein Schimmel. 1975 geboren – väterlicherseits aus einer Trakehner-Araber-Verbindung gezogen, seine Mutter war eine ungarische Warmblutstute. Von der Abstammung her braucht man erst einmal kein Problemverhalten zu erwarten oder abzuleiten. Es handelt sich um eine ansprechende solide Verbindung, aus der ein gehobenes Freizeitpferd erwartet werden kann. Die Aufzucht war familiär und liebevoll – hinter dem Haus und in kleiner Gruppe.

Ich lernte Torro kennen, als er schon 18 Jahre alt war, und habe seine Entwicklung und Lernfortschritte bis zu seinem 24. Lebensjahr beobachtet, angeleitet und begleitet. Der Mehrtageskursus vor sechs Jahren hatte das Thema „Feldenkrais und Reiten". In diesen Kursen versuche ich die Reiter zu informieren, auf welche Positionen ich achte, wenn ich ein rittiges Pferd produzieren möchte. Da lief Torro einher in den Grundgangarten, jedoch altersentsprechend in Anlehnung beziehungsweise am Zügel. Oh je, das sah hart aus, festleibig und unfroh – jedoch rhythmisch und artig. Natürlich war die Haltung unecht. Der Rücken war abgesenkt wie zu einem Hohlkreuz und in der Oberlinie zeigte sich Torro schwach. Er setzte sich dadurch im Hals leicht auf und schob den Unterhals heraus.

Regina, seine wunderschöne Reiterin, machte ein grimmiges Gesicht und einen recht verzweifelten Eindruck. Die sich aus diesem Kursus ergebende Frage war: „Kann man ein 18jähriges Pferd noch umbauen im Hinblick auf eine erhebliche Verbesserung der Elastizität, Rittigkeit und Durchlässigkeit? Woher soll die Reiterin fühlen, wohin es geht, und ihre eigene Balance überprüfen und neu ordnen? So war Regina schon lange fest

Der jugendliche Torro dreht an Schautagen völlig durch. Foto: Archiv Kröncke

nicht einmal reiten möge. Ich war mir vom Boden aus nicht ganz sicher über sein Gleichgewicht und die Ansatzpunkte, ihn zu verbessern, und ich ritt ihn. Doch der Eindruck blieb: Torro kam hölzern auf den Boden auf, und sein Rücken war bretthart und steif, zudem war er einseitig schief. Die nächste Frage bezog sich auf den Ausblick: Wann und wodurch würde Torro Elastizität und Dehnung gewinnen und sich „echt" versammeln? An dieser Stelle war ich in einer schwierigen Situation. Torro war mit seinen 18 Jahresringen nicht nur an Jahren alt, sondern vor allem geistig und körperlich sehr fest. Wenn ich auf dieser Grundlage anfange, geistige Elastizität und körperlich verbesserte Balance einzuüben, kann dabei leicht herauskommen, daß das Pferd dicke Beine hat und lahm geht. Auch eine unechte Form falscher Fehlspannung kann uns hochhalten oder zusammenhalten.

So wagte ich nicht, einen gesicherten Ausblick zu versprechen, sondern sagte in etwa: Bewegt Torro regelmäßig und schonend. Erhaltet seinen Ausbildungsstand auch für seine psychische Selbsthaltung. Kontrolliert eure Hoffnungen in bezug auf Verbesserungen am Pferd. Nehmt ihn als Lehrmodell für die bewußte Verbesserung von eigenem Gleichgewicht. Hierbei mußte klar sein: das Pferd konnte nicht helfen. Festleibigkeit und Schiefe, gekoppelt mit einem Anflug von Grimm auf der Seele, geben die Pferde dann immer auch an den Reiter weiter.

Doch mit Reginas Hartnäckigkeit und ihrer großen Liebe zu genau diesem Pferd hatte ich nicht kalkuliert und sollte zu meiner Freude im Verlaufe von mehreren Jahren sehr eines Besseren belehrt werden. Typisch für die Denkanleihe in der Feldenkraismethode ist es,

geworden im Bereich Schultern und Ellbogen. Sie holte sich über eine flache Atmung aus dem Schwerpunkt heraus. Ihr Sitz war etwas schief und sie hielt die Beine beim Reiten nach vorne vor den Schwerpunkt, etwa wie ein Springreiter sitzen würde, nur hatten die Steigbügelriemen Dressurreiterlänge. Wie es oft ist, fragte sie mich, ob ich ihren Torro

sich nicht auf einen Ausblick festzulegen. Nur wenn gewünscht, geht es vielmehr darum zu spüren, ob Imbalance vorliegt und an welchen Stellen – und in leisen Tönen Vorschläge zu machen für alternative Bewegungs- und Handlungsspielräume. Die Richtung, in die der Zug von Wachstum und Entwicklung führt, bleibt dann offen. Das Tempo und die Haltestationen bleiben dann demjenigen überlassen, der unterwegs ist. Torro jedenfalls war unterwegs. Regina hatte ihn auserwählt und gemeinsam widmen sie sich seit Jahren den zentralen Fragen von Gleichgewicht rund um Pferd und Reiter.

Im Mai 1983 wurde Torro vom Züchter in einen Reitclub mit Schulbetrieb gestellt. Er war wohl bis dahin „hinter dem Haus" durchaus unausgelastet und sollte seinen „Übermut" etwas kanalisieren. Durch den Einsatz im Schulbetrieb sollte er – eher im Sinne von Abhärtung – an die kontinuierliche Belastung durch einen Reiter gewöhnt werden. Als Ziel war formuliert, er solle manierlich und rittig werden durch das Mitgehen im Reitschulbetrieb. Außerdem erhoffte sich der Züchter, daß das Pferd eine Art von Ausbildung bekäme und eine Schiene zum Verkauf angelegt wäre. Diese ganze Vorgehensweise ist eine Milchmädchenrechnung, da sie überwiegend schiefgeht. Kaum ein Ausbilder versteht sich darauf, den Unterricht so zu gestalten, daß der Reitschüler in sogenannter delegierter Anleitung unter Aufsicht des Reitlehrers ein Pferd ausbildet. Hierbei steht dann die Entwicklung des Pferdes im Vordergrund und nicht die Rentabilität des Reitbetriebes oder die Ausbildung des Reiters, für die dieser ja zahlt. Ich sage nicht, daß es nicht geht. Nur verstehen die meisten Reitlehrer nichts von diesem Auf-

trag, das Pferd über den Reiter, wie ferngesteuert, anzuleiten und auszubilden. Bei Torro jedenfalls ging alles schief.

Er bezog eine Außenbox, mit Kontakt zu einem Nachbarpferd, jedoch ohne Auslauf und Weide. Hierin muß er Platzangst bekommen haben. Es ist durchaus gar nicht so selten, daß Pferde in Außenboxen oder in Boxen mit niedrigen Außenwänden sich sehr unwohl und ungeschützt fühlen. Meiner Meinung nach liegt das in erheblichem Maße daran, daß Menschen (alle Besucher und nicht nur der Reiter und Besitzer) sich in seinen Privatraum ungefragt hineinbegeben. Von der Wahrnehmung des Pferdes her ist seine Box erst dort zuende, wohin sein Kopf reicht. Aus der Perspektive der Menschen wird oft angenommen, das Pferd habe eben eine schöne Box und könne zusätzlich noch den Kopf und Hals heraushängen, befände sich aber schon im inneren

Hier zeigt Torro mit gespitzten Ohren, daß er keine Vorbehalte zur Zusammenarbeit hat

Torro auf dem Bauernrennen in Iffezheim, zwölfjährig. Foto: Archiv Kröncke

Raum des Menschen und Reiters. Aus beidseitiger Perspektive läuft dieser Irrtum dann doppelt weiter. Der Mensch benimmt sich trampelig. Jeder streichelt das Pferd auf der Stirn oder am Maul und nähert sich entweder zögerlich oder gar nicht fragend dem Pferd. Das Pferd benimmt sich rumpelig. Es stubst mit dem Kopf gegen den Menschen oder mault an seinen Taschen herum in Erwartung eines Leckerlis. Manchmal fängt es dabei an zu knapsen oder zu beißen. Immer, wenn ich Außenboxen zur Verfügung habe, verbiete ich dem Besucherpublikum, näher als 2 m an die Boxentiere heranzugehen, um den persönlichen Raum des Pferdes um sich herum zu schützen und die Entstehung von Unarten im Vorwege zu vermeiden. Außerdem rechne ich bei dem Bezug von Außenboxen immer mit der Platzangst eines Pferdes. Schon oft genug sind junge Pferde beim ersten Aufstallen über die Boxentür herausgesprungen. Damit rechne ich und beuge vor, indem ich zum Beispiel zwei Pferde in eine Box stelle oder vor der Tür stehenbleibe, bis das Pferd ein sicheres Raumgefühl gewinnt. Außenboxen haben natürlich den riesigen Vorteil, daß die Pferde in die Landschaft sehen können und ihre Luftwege mit genügend Sauerstoff versorgen können. Zu rechnen ist jedoch am Anfang mit dieser von Torro gezeigten Platzangst. Jedes Pferd in einer Außenbox sollte beim ersten Aufstallen daraufhin beobachtet werden. Manchmal bricht diese Platzangst auch in Innenboxen aus, jedoch ist ein in Boxen aufgeteilter Stalltrakt für die meisten Pferde offensichtlich überschaubarer.

Bei Torro ist Platzangst anzunehmen, da er unverhofft jeden angriff, der an der Box vorbeilief und erst recht jeden, der hereinkam und ihn herausholen wollte. Er stieg gegen den Menschen, drehte sich dann um und haute aus. Er behielt sein Halfter immer gleich auf und putzen war nur möglich, wenn er angebunden war. Zudem ist anzunehmen, daß dieser achtjährige Torro sehr unglücklich war. Wahrscheinlich hatte er, trotz der Unterbelastung, an der er sicher litt, an seinem Aufzuchtstall gehangen. Hier war er nun in einer Box, vor der er Angst hatte und ein Einreiten im Schulbetrieb läßt beim Pferd kein angenehmes Reitgefühl aufkommen. Wenn ungeübte Menschen solch ein unglückliches Pferd aus der Box holen sollen, verhalten sie sich oft ungeschickt und ängstlich, was zu einer Eskalation der gegenseitigen Drohgebärden führt.

Und dann kam Regina: Sie war 14 Jahre alt, ritt einmal wöchentlich im Reitclub und wurde seine Pflegerin, weil sie ihn erkannte und mochte. Sie fand Torro „edel" und „stolz", unnahbar und sensibel. Er guckte mit riesigen Augen aus einem Stall in die Gegend, aber von Regina ließ er sich aus der Box holen, ohne sie ernsthaft zu bedrohen. So wurde sie seine feste Pflegerin. Torro schien in vielen Dingen intelligent, machte sich aber das Leben schwer und arbeitete gegen seinen Kör-

per. Er war überängstlich, sogar panisch, vor allem vor Sachen, die knisterten. Selbst in Papier eingepackte Zuckerstückchen, die man vor seiner Nase auspackte, nahm er zum Anlaß, sich vom Anbindestrick loszureißen und wegzulaufen. Oder er fiel hin, wenn der Strick oder das Halfter nicht riß. Man durfte sich nicht unschuldig vor Torro die Nase putzen, er hatte Angst vor Plastiktüten und Ein-

Das Gesicht des zwölfjährigen Torro ...
Foto: Archiv Kröncke

streusäcken. Einmal versuchte er, durch eine Eisenstange hindurchzuspringen und verbog sie völlig. Er war sehr gertenscheu, jedoch hatte er interessanterweise keine Angst vor dem Reiter an sich – man konnte zu zweit auf ihm herumturnen – und auch nicht vor dem Hängerfahren, vor dem Schmied, vor Autos, Traktoren und derlei.

Wenn ich so viele Panikattacken bei einem Pferd beobachte oder erzählt bekomme, lassen sich daraus Schlüsse ziehen. Das Pferd ist, wahrscheinlich durch die unverarbeitete Trauer eines Abgeschobenseins in ein neues Leben im Wahrnehmungsbereich regrediert. Seine Sinne bilden sich zurück. Seine Ohren hören superlaut, seine Augen sehen die Dinge hinter den Dingen. Das Pferd befindet sich im chronischen Streß, ist dadurch natürlich nicht in der Lage, ein Lehrpferd zu sein und schon gar nicht ein Pferd für Kinder. Schon alleine für diese Symptomatik hätte bei Torro die Fähigkeit zur Tiefenentspannung antrainiert werden müssen. Die Feldenkraismethode bedient sich dabei der Erhöhung der Körperwahrnehmung, indem zum Beispiel das Ohrenspiel manipuliert wird oder sanfte Berührungen der Augen-

... und das Gesicht des 22jährigen Torro im Vergleich. Foto: Archiv Kröncke

lider und Augenhöhlen sowie des Tränenkanals dem Pferd Ruhe und Entspannung übermitteln.

Torro war ein Kinderhasser. Wenn er außerhalb seiner Box kleinere Kinder traf, hatte er Angst. Wenn er angebunden war oder innerhalb der Box oder Reithalle, griff er sie richtig an. Pferde, die vor kleinen Kindern Angst haben, sind sehr weit regrediert. Sie verwechseln sie wohl mit Wildtieren beziehungsweise Raubtieren als ihren natürlichen Feinden. Die direkte und angreifende Art von kleinen Kindern ordnen sie als distanzlos und gefährlich ein. Pferde, die kleinere Kinder hassen, sind häufig gar nicht mal von diesen malträtiert worden. Sie assoziieren nur Gefahr. Hierbei hilft zunächst einmal, Kinder so weit wie möglich aus der Gefahrenzone herauszuhalten; entweder für immer – oder bis das Pferd (oder ein anderes Tier, wie ein Hund oder eine Kuh) sein körperliches und gleichzeitig sein seelisches Gleichgewicht neu geordnet hat.

Das Bild von Gleichgewicht bezogen auf Torros Bewegungsablauf wurde von Regina wie folgt beschrieben: achtjährig hatte Torro einen spektakulär aussehenden Trab mit viel Aktion nach vorne oben raus. Natürlich konnte man diesen ganz furchtbar schlecht sitzen und das Pferd ließ sich folgerichtig nicht regulieren. Er wurde nur in der Halle geritten (das Problem der Platzangst war ja noch nicht erkannt worden). Jedoch hatte er kaum Konkurrenz, da Torro ständig angaloppierte, herumraste, auf die Bande zuraste und dann einen Haken in die andere Richtung schlug. Die Hilfestellung des Reitlehrers bestand offensichtlich darin, Regina an das Ende der Abteilung zu setzen, wo sie ihn kaum halten konnte. Ansonsten wurde sie möglichst ignoriert.

Der 14jährige Torro im Hartspann seiner Muskulatur. Foto: Archiv Kröncke

Störte Torro die Stunde zu sehr, wurde er in die Ecke abgestellt. Unterricht hat Regina kaum bekommen, die ganze Situation war ihm wohl zu aufwendig und zu blöd. Aus dem Feldenkraisgedanken heraus, eine emotional und tatsächlich gesicherte Situation zum Lernen zu schaffen, hätte ich Torro führen lassen mit Reiter oder ihn als gerittenes Handpferd in der Abteilung mitlaufen lassen.

Regina, 14jährig, fiel mindestens hundert Mal von Torro herunter, bis sie sich ein bißchen zusammengerauft hatten. Nun durfte

Der Spanische Schritt auf freier Wiese und blankem Pferd; Torro ist 24 Jahre alt. Foto: Archiv Kröncke

sie auch mit ihm auf den Außenplatz, wo er ruhiger war als in der Halle. Sie durfte ihn an den Stehtagen longieren. Das ging anfangs auch nicht gut – er raste immer rückwärts. Beim Freilaufen in der Halle startete Torro immer Scheinangriffe und ließ sich nur mit List wieder einfangen. Regina ließ ihn oft freilaufen, da er ein großes Bewegungsbedürfnis hatte. Torro war hart gegen sich selber und hart gegen andere und doch klug genug, nicht unter die Räder zu kommen. Auch dafür ein Beispiel: Regina ritt 1990 eine Fuchsjagd mit von 20 km Länge mit 20 Hindernissen. Beim

Abschlußrennen stürzten beide – also gegen Ende der Strecke. Mit einem weiteren Pferd gemeinsam haute Torro ab in die nächste Stadt. Während der andere ermattet stehenblieb und sich einfangen ließ, rannte Torro weiter, durch die Fußgängerzone, aus der Stadt heraus, um alle Autos herum. Er versuchte, über die Rebberge in Richtung Heimatstall zu gelangen. Keiner konnte ihn einfangen. Er trabte im Renntrab vorneweg. Die Polizei versuchte, ihn im Blick zu behalten. Nach weiteren 40 km warf sich ihm ein beherzter Spaziergänger an den Hals und hielt ihn fest. Torro hatte am nächsten Tag nicht eine einzige Schramme und stand putzmunter im Stall, während das andere Pferd zwei Wochen in der Tierklinik zubrachte.

Im Winter war vier Wochen alles gefroren und es konnte nur Schritt geritten werden. Das tat Torros Nerven sehr gut. Jedenfalls ging von da an alles besser. In den darauffolgenden Jahren nahmen Torro und Regina am Vereinsturnier teil und gewannen den zweiten Platz bei einem Jugendreiterwettbewerb.

Torro wird zwölfjährig an einen Freizeitreiter im Nachbarort verkauft. Dem hatten seine Gänge so gut gefallen und sein imposantes Aussehen, wenn er sich aufregt und Angst hat. Torro hat den Schweif dann hochgestellt, er trippelt und zackelt oder galoppiert auf der Stelle. Sein neuer Besitzer möchte ausreiten, Wanderritte unternehmen, auf Umzügen und Jagden mitreiten. Regina darf ihn weiter pflegen und zieht sozusagen mit um. Torro darf nun regelmäßig auf die Weide – läßt sich jedoch immer noch nicht gerne einfangen.

Ein Nachreiten des Pferdes mit dem neuen Besitzer wird allerdings immer schwieriger. Dieser reitet im „Freistil" mit sehr hoher Hand nach rückwärts ziehend, die Beine weggestreckt. Er fällt des öfteren herunter und Torro läuft den Weg alleine nach Hause. Im flotten Trabe überquert er dazu zwei gut befahrene Bundesstraßen. Die Maulwinkel sind nach diesen Ausritten oft blutig. Torro selber wird jetzt immer nerviger. Diverse Umzüge und Festivitäten machen ihn verrückt, zum Beispiel Fastnacht, Hochzeiten und Pferdeweihen sowie ein Bauernrennen, welches die Tochter des Besitzers mitreitet. Torro rennt jetzt oft wie ein Tiger in seiner

Box herum, frißt sein Kraftfutter nicht und schaut immer wieder panisch hinter sich. Beim Ausreiten wird er immer schwieriger. In einer Gruppe regt er sich richtig auf, er drückt den Unterhals heraus und trippelt und zackelt auf dem Heimweg. Er verspannt sich immer mehr. Der Besitzer möchte ihn verkaufen, da er zu anstrengend geworden ist. Torro ist 14 und Regina 22 Jahre alt, als die beiden zusammenfinden.

Jetzt ist der Weg frei für Kontinuität und gute Ausbildung. Es ist Zeit, intelligent und wegorientiert zu arbeiten. Unter dem Schmäh ihrer Freunde: „Der braucht mal 'ne ordentliche Tracht Prügel!" kauft Regina ein Buch über die TTEAM-Methode und Feldenkraisarbeit. Sie trainiert nach dem Buch. Sie hat dabei viel Spaß und erlebt echte Hilfestellung. Torro wird jetzt mit einem doppelt gebrochenen Gebiß geritten. So kann er eine neue Erfahrung machen und immer öfter läßt er freiwillig den Hals fallen. Regina ritt ihn ohne Reithalfter, um zu überprüfen, ob ihre Zügeleinwirkung zu stark war, und er deshalb das Maul aufsperrte. Wegen seiner Unruhe in der Box wurde Torro 16jährig umgestellt in einen Offenstall mit fünf anderen Pferden. Schlagartig ging es ihm besser, er war viel ausgeglichener und ruhiger und ließ sich leicht einfangen. Als er 17 Jahre alt war, wurden seine Hufe sehr krank und die Eisen fielen dauernd ab. Regina vermutet, daß der Auslöser dafür die neue Haltungsform mit dem viel höheren Bewegungsaufwand war. Bisher hatten die beschlagenen Hufe sehr gut gehalten und keine Probleme gemacht. Torro wurde umgestellt auf das Barfußprinzip nach Dr. Hiltrud Strasser. Die Umstellung dauerte drei bis vier Monate. In dieser Zeit wurde er mit der Bodenarbeit und dem Touch von Linda Tellington-Jones gearbeitet, was ihm sehr gut-tat. Die Kommunikation zwischen Regina und Torro wurde immer besser. Zum Schluß konnten sie alle Geschicklichkeits-, Angst- und Mut-Bodenübungen ohne Halfter zusammen machen.

Jetzt brauchte Regina Hilfe für ein verbessertes Reiten. In der konventionellen Lehre war sie ja nun etwas im Stich gelassen worden. So traf sie mich, und in neun Kursen und den Ausbildungskursen entwickelten sich Torro und Regina zu einem feinen und belastbaren Team.

Was war hierbei die Methodik?

Auf ein 18jähriges Pferd mit dieser Problematik zu treffen, erfordert Umsicht und Erfahrung. So wurde als erstes an Regina gearbeitet. Sie brauchte Informationen zur Losgelassenheit, zum Geraderichten und für Durchlässigkeit. Dafür müssen wir wissen, daß ein Pferd, das im Streß ist und chronisch fest, uns nicht ordnen kann. Wir müssen uns permanent selber ordnen, um ein verbessertes Gleichgewicht möglich zu machen. Dem Pferd ist dann geholfen, weil wir uns sowohl effizienter und leichter halten als auch einwirken. Diese Situation entsteht, wenn das Tauziehen der Kräfte innerhalb des Reiterkörpers anatomisch sinnvoll zueinander steht und der Reiter sich seiner selbst immer bewußter wird, also Qualitätsverlust durch Festigkeit oder Schiefe bemerkt und daran arbeitet. Hierfür gibt es 1.001 Information. Meine Aufgabe ist es, diese Information in einem ruhigen Klima zu placieren und dem Reiter zuzustimmen, wenn er eine Information zum Gleichgewicht aufgenommen hat. Auf dem technischen Stand des Reitens möchte ich ihn nicht überfordern,

solange er nicht adäquat balanciert ist. Für Torro galt es, achtsam und allmählich Dehnungsprozesse als Lernvorgänge einzuleiten: Oberliniendehnung, Innenbeugung, Längsdehnung der Außenseite, dazu Atmung finden. Unterstützende Faktoren dazu sind das Erkennen, der Faktor Zeit, ein angenehmes Arbeitsklima in der Gruppe und in einer Reithalle und die Verbesserung von Reginas Reiterhand. Diese wird seit Jahren immer wieder durchgelockert aus dem beatmeten Schwerpunkt über die Gelenke zur Zügelhand. Es handelt sich – auch zwischen Pferd und Reiter – eher um ein Sein als um ein Tun. Im Handeln ist es wichtig, stets das Leichtere zu wählen, in diesem Fall die leichter zu erlernende Verbindung zwischen Pferd und Reiter durch die Tellington- und Feldenkrais-Bodenlektionen. Unbelastet vom Gewicht des Reiters und beim Reiter von der Reibung durch das Pferd, kann Gleichgewicht gelernt und erfahren werden. Dehnungsprozesse hat Torro insbesondere über die Zirkuslektionen Spanischer Schritt und Kompliment gelernt. Zusätzlich hebt das Erlernen dieser Lektionen oft das Selbstwertgefühl eines Pferdes zu neuer Würde.

Torro ist heute – 24jährig – ein recht flexibles Pferd. Er kann an internen Schauveranstaltungen teilnehmen und besucht gerne Kurse. Er hat den Umzug in einen neuen Offenstall verkraftet und das zweite Pferd um seine Besitzerin Regina herum gut ausgehalten. Er hat einen viel friedlicheren Gesichtsausdruck bekommen und begrüßt die Menschen, die er kennt. Er läßt sich auch von Anfängern reiten (sofern sie nicht mit den Beinen klemmen) und paßt auf sie auf. Sein Starauftritt ist auf freiem Feld der Spanische Schritt auf dem blanken Pferd, also ohne Sattel und Trense. Torro hat

Mit 24 Jahren beginnt Torro, Nettigkeit und Interesse für gutherzige Kinder aufzubringen. Foto: Archiv Kröncke

gelernt mitzudenken und sich „gefährliche" Situationen in Ruhe aus einem Sicherheitsabstand heraus anzuschauen. Er möchte unbedingt jeden Tag geritten werden oder irgendwas tun. Mit einem ruhigen, warmherzigen Kind kann er einen Kursus und eine Schauveranstaltung absolvieren und dabei stolz auf sich sein. Er lernt immer noch gerne etwas Neues,

zur Zeit fliegenden Galoppwechsel und – je nach Tagesverfassung – Seitengänge im Schritt.

Regina und Torro verbindet eine langjährige, langsam gewachsene, inzwischen beiderseitige, intensive Freundschaft. Sie zeigt sich in ihrem Strahlen und der besonders fein abgestimmten Kommunikation.

DORINA, DAS RIESENBABY

– WILL SIE ERWACHSEN WERDEN?

Franks Superturnierpferd – der Engländer würde dazu sagen: „A terrible blessing" oder eben „ein furchtbarer Segen". Dorina fällt immer und überall auf, soviel steht fest. Bei einem Stockmaß von mindestens 176 cm steht sie rahmig da und ist in großen Linien schön formiert. Sie hat den unendlichen Raumgriff im Gang im Schritt, Trab und Galopp. Dabei ist sie extrem taktfest und rhythmisch und macht immer einen balancierten und elastischen Eindruck. In der Ausstrahlung wirkt sie willig und gutmütig, auch „simple minded", also einfach gestrickt. Als besondere Eigenschaft fällt auf, daß Dorina alle ihre Reiter immer zwergig aussehen läßt. Sie hält den Rücken zumeist fein hin und oben sitzt man wie „Butter auf heißer Kartoffel" oder „Stein auf Schleuder". Kein gemütlicher Posten. Nichts zum Ausruhen. Die Idee, nachts mit geschlossenen Augen ohne Sattel mit Wohlgefühl durch Weinberge reiten zu können, kann man im Umgang mit Dorina getrost ad acta legen. Daraus wird nie etwas. Franks Träume und Visionen gehen in eine andere Richtung. War hier das Superturnierpferd geboren? Der Überflieger? Das Pferd, mit dem man in hohen Klassen gegen die Konkurrenz antreten und bestehen kann? Schließlich hat sie alles: Ausstrahlung, Reitgefühl, Gangmaß und Raumgriff sowie Taktvermögen. Jedoch auch Frank sitzt immer etwas gespannt und verloren auf dem Aussichtsturm, dennoch auch glücklich und stolz, diese einmalige Bewegungsübersetzung immer wieder in den eigenen Körper hineinzubekommen. Wo also ist das Problem? Dorina läßt uns auf dem Ausbildungsweg immer wieder „im Regen stehen". Und das abwechselnd körperlich und gesundheitlich oder psychisch in bezug auf ihre Einfälle und Ausstiege beim Reiten und sogar bei der Haltung.

Dorina, das Riesenbaby, war zweijährig stark verwurmt. Foto: F. Eckerlin

Ihr Start ins Leben war nicht so gut, da ihre Mutterstute nach drei Weidemonaten starb. Die Diagnose war eine Blinddarmlähmung. Das finde ich heute sehr interessant in bezug auf Dorinas Wehwehchen. Vielleicht hatte die Mutterstute in der Trächtigkeit schon Vorboten einer solchen Schwäche, die das ungeborene Fohlen geprägt hat. Trotz dieses Ereignisses wurde Dorina nur wenig später auf der Fohlenschau hoch bewertet und prämiert. Sie bekam ein etwas älteres, gerade abgesetztes Stutfohlen zur Gesellschaft, mit dem sie die nächsten zwei Jahre auf einer Fohlenweide in einer Jungpferdegruppe verbrachte. Mit zweieinhalb Jahren kam sie zu Frank. Heute ist sie sieben Jahre alt. Von Anfang an hatte Dorina besondere auffällige Eigenschaften: Sie kann Einengung im Bauchbereich nicht leiden. Sattelgurte und Deckengurte führen zum Luftanhalten und allgemein zu Verspannung. Beim Anreiten im Alter von dreieinhalb Jahren kam es zeitweise sogar zu kolikartigem Bauchschmerz mit Schweißausbrüchen und Hinlegen in der Reitbahn. Diese Symptome zeigt

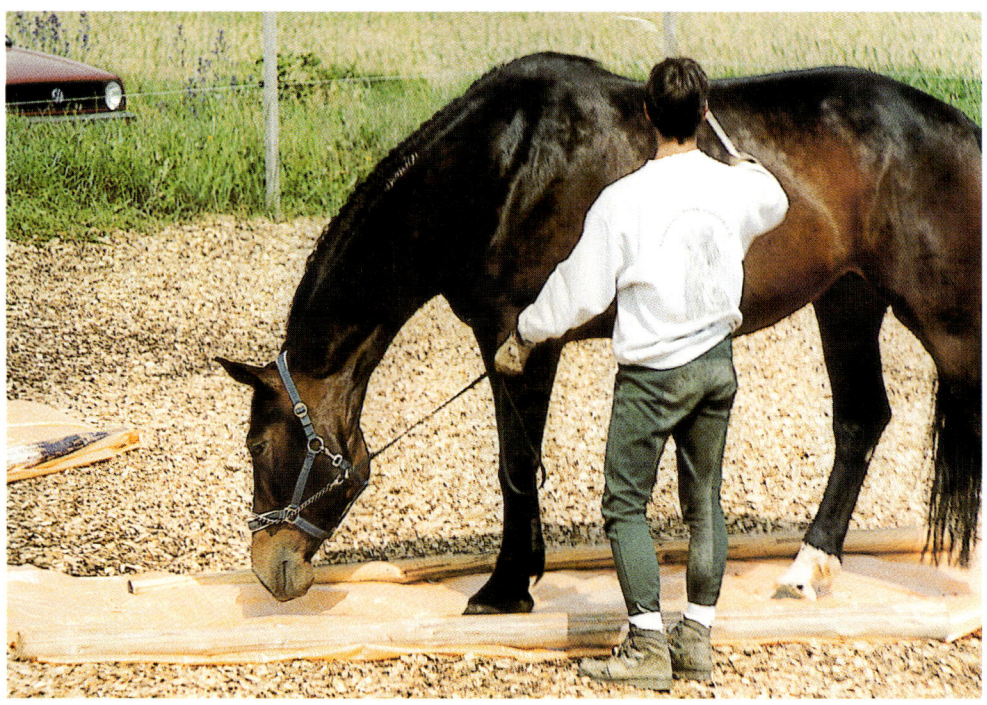

Über Bodenübungen wird Dorinas Selbstvertrauen und Körpergefühl entwickelt. Foto: R. Kröncke

sie nicht mehr, jedoch das Luftanhalten und die tendenzielle Verspannung sind geblieben. Bei nahezu jedem Reiten hustet Dorina anfänglich ab. Im Stall oder Auslauf hustet sie nie. Obwohl die Rückenmuskulatur optisch gleich entwickelt scheint, sitzt man beim Reiten immer weiter links. Auch der Sattel hängt immer etwas nach links. Bei der Arbeit vom Boden aus kann man beobachten, daß sich in der Schrittbewegung die rechte Kruppenhälfte deutlich mehr hebt als die linke. Im Stand ist jedoch keine unterschiedliche Muskulatur zu erkennen, und das Pferd sieht absolut symmetrisch aus.

Dorina litt lange unter einer frühen Überwurmung. Sie war abgemagert und zeigte eine Anämie aufgrund von Blutwurmbefall. Sie hatte ein struppiges Fell, war teilnahmslos und matt. Sie hatte zeitweise angelaufene Hinterbeine und Herzgeräusche aufgrund der Anämie. Entwurmt wurde abwechselnd mit Banminth und Ivomec nach einem vom Tierarzt aufgestellten Entwurmungsplan. Dorina reagierte auf die nachhaltige Entwurmung mit einem entschieden verbesserten Aussehen. Jedoch traten im Alter von drei bis dreieinhalb Jahren fast regelmäßig leichte bis schwere Bauchschmerzen auf. Jedesmal war es eine

Kolik mit starken Blähungen und Hyperperistaltik, die genauso schnell verschwand wie sie kam. Dorina wurde zu dieser Zeit gar nicht oder nur unregelmäßig rossig, und da die Bauchschmerzen fast zyklisch auftraten, konnte sie auch Unterleibsschmerzen gehabt haben. Bis auf eine leichte Kolik vor zwei Jahren sind diese Beschwerden seither nicht mehr aufgetreten. Seit Dorina vier Jahre alt ist, zeigt sie immer wieder die verschiedensten Hautreaktionen. Diese reichen von einzelnen Knoten, die sich immer verändern und sich zeitweise zu unzähligen kleinen, fast grießähnlichen

Ansammlungen formieren, bis hin zu handflächengroßen schwammigen Schwellungen. Die Knötchenbildung wird im Achselbereich, am Mähnenkamm, auf dem Rücken und an der Flanke beobachtet, die schwammigen Schwellungen seitlich am Widerrist, auf dem Rücken und an der Flanke. Diese Hautreaktionen treten ganzjährig, aber verstärkt im Frühjahr und Sommer auf. Sie entstehen von einem Tag auf den anderen und verschwinden genauso schnell wieder. Im Sommer ist zusätzlich eine teilweise starke Hautreaktion auf Insektenstiche festzustellen. Auch schwillt im

„David und Goliath" – Dorina ist von Hause aus freundlich. Foto: K. Weber

Sommer manchmal ein Auge zu, mit starkem Juckreiz und gelblichem Ausfluß. In ein bis zwei Tagen ist diese Schwellung wieder verschwunden.

Vor drei Jahren hatte Dorina, dank ihres irrationalen Selbstgebrauches, einen schweren Sturz. Sie riß angebunden ein schweres eisernes Fenstergitter aus der Wand und sprang über einen 1,50 m hohen Zaun. Dabei blieb das Fenstergitter im Zaun hängen und Dorina stürzte. Halfter und Anbindeseil lösten sich dabei nicht. Sie blieb mit ihrem gesamten Gewicht im Halfter hängen, jedoch konnte Frank dann den Panikhaken lösen. Durch die Metallringe am Halfter wurde die Nase drei-

mal unterhalb der linken Jochbeinleiste so stark eingeschnürt, daß die Haut aufriß und genäht werden mußte. Eine Lahmheit war nach dem Sturz nicht feststellbar. Dorina bewegte sich jedoch die nächsten vier Wochen vorsichtig, als hätte sie blaue Flecken beziehungsweise Prellungen. Dorina hat aufsteigend Probleme mit dem Rückwärtstreten. Sie streckt dabei die Schweifrübe nach oben und macht mit den Hinterbeinen seitliche Ausfallbewegungen. Die Hinterbeine sind dabei nur wenig gewinkelt und auch die Vorderbeine werden erst dann gewinkelt und zurückgesetzt, wenn die Rückwärtsverlagerung des Rumpfes ein Stehenbleiben auf den Vorderbeinen unmöglich macht.

Wenn Dorina geregelt läuft, ist sie ein richtiger Hingucker. Foto: K. Weber

Seit etwa zwei Jahren hat Dorina auch Probleme beim seitlichen Übertreten, und das schon am Putzplatz. Auch dabei streckt sie den Schweif nach oben und schwenkt das gerade gehaltene Hinterbein, ohne es zu winkeln. Statt dessen bewegt sie es weit hinten heraus, und zwar seitlich, und nimmt dabei die gestreckte Hals- und Kopfhaltung ein. Ich kenne diese Problematik als Folge früher Verwurmung; eine ganzheitlich arbeitende Tierärztin diagnostizierte eine Wirbelkanalverengung im Halswirbelbereich. Beide haben wir Gymnastizierung und Bewegung für Dorina verordnet. Tatsächlich verbessert sich der Bewegungsfluß nach rückwärts und seitwärts, wenn Dorina regelmäßig trainiert wird, und verschlechtert sich nach Reitpausen.

Frank und Dorina haben wirklich gehobene körperlich orientierte Ausbildungsphasen durchlaufen. Dorina befindet sich, nur siebenjährig, auf einem hohen Entwicklungsstand in technischer Hinsicht. Sie macht Bodenarbeit nach Linda Tellington-Jones und Feldenkrais, geht an der Freilonge mit Kappzaum sowie an der Doppellonge mit Kappzaum oder Trense. Sie geht in sehr guter Grundhaltung unter dem Reiter in allen drei Grundgangarten. Sie vermittelt ein optimales Reitgefühl und nimmt den Reiter in den Bewegungsablauf mit hinein.

Aussteigen tut sie regelmäßig zu drei Versionen:

1. Der verkorkste Antritt beim Rückwärtsrichten wurde schon benannt. Hier sehe ich Grund zur Sorge. Sie wird optimal und tiefenwirksam gearbeitet und gehalten. Reifung und Trainierung sowie schonender Gebrauch in diesen Schwächen scheinen mir geboten.

2. Dorina hat an manchen Tagen eine Tendenz zum Buckeln, die jeden Reiter vorbeugend blaß werden läßt. Hierzu empfinde ich sie als altersentsprechend unschuldig. Sie ist zu still aufgewachsen, das heißt in einer zu kleinen Gruppe. Viele ihrer Schwächen hätten mit einem höheren Grundbewegungskontingent positiv beeinflußt werden können. Jungpferde brauchen reell Druck aus der Gruppe, sich zu bewegen. Das hat Dorina nicht genügend erfahren. Als Warmblutpferd dieser Größe und mit diesem Start ins Leben ist sie mit sieben Jahren immer noch jung und unreif und kann und darf mit ihrer Riesengröße mit drei Jahren noch sehr schwach gewesen sein. Unter dem Reiter erlebt sie die Freude der Bewegung und auch den positiven Streß. Ein ordentliches Buckeln ist dann normal. Leider ist das für den Reiter sehr schwierig, da sein Innerstes sich nach außen kehrt, wenn „der Aussichtsturm" hüpft und womöglich umfällt. Diese Bedenken des Reiters verunsichern wiederum das Pferd. Es steht ihm jedoch zu, sich mit Reiter buckelnd zu ordnen, wenn es eine solch' gigantische Grundbewegungskapazität hat wie Dorina.

3. Dorina steigt aus, wenn sie auf fremdem Gelände geritten werden soll und sich gestreßt wähnt oder der Reiter etwas verunsichert ist. Sie betritt dann das Gelände nicht oder verläßt es mit Sätzen. Dabei kann es sich um einen Turnierplatz genauso handeln wie um die Hauskoppel des Nachbarhofes. Trotz aller Ausbildung behält sie diese Phobie vor dem Einsatz am fremden Ort. Dabei hat sie genügend geübt und ist reichlich umworben worden. Manchmal ist das zum Verzweifeln.

In wenigen Galoppsprüngen durchmißt Dorina die lange Seite. Foto: K. Weber

Zur Zeit leistet sie sich ein monatelanges Affentheater in einer großen Reitanlage mit 80 Pferden, auf der sie jedoch im Offenstall eingestellt ist. Jeden zweiten Tag läßt sie sich bewundern. Jeden zweiten Tag setzt sie aus. Jetzt, nach so vielen Jahren gezielter Feldenkraisarbeit, schlage ich einen Reiterwechsel vor, und zwar über mehrere Monate. Ein „Lulatschreiter" sollte sie reiten, dem sie eher normal klein vorkommt. Ich würde einen technisch in den Grundgangarten sehr versierten Reiter auswählen, mit einer Grundtönung von Nonchalance, und der Lust, auf sture, jedoch friedliche Art Druck auszuteilen. Dorina muß sozusagen in ein Dressur- und Geländeinternat und dann heimkehren. Zusätzlich müssen wir uns noch drei Jahre gedulden, denn sie ist noch nicht

genug gereift. Wäre sie ein Mensch, würde ich ihr eine Körperpsychotherapie empfehlen. Dabei wird mehr Einfluß genommen auf eine Nachreifung von Lernstörungen und Schäden, die in embryonaler Zeit entstanden sind.

Frank hat mit dem alten Flips und Dorina nebenberuflich mehr als zu tun. Dennoch wünsche ich ihm die Fokussierung auf ein drittes Pferd als Turnierpferd. Weniger auffallend und auch weniger aufwendig für das Moment des „Joy of Riding". Ich wünsche ihm mit seinen hohen technischen Fertigkeiten und der präzisen Umsetzung des körperbewußten Ansatzes mehr meßbaren Erfolg. Auch für seine Zusammenarbeit mit Dorina möchte ich mit ihm in den nächsten Kursen mentales Reiten in Ruhe einüben.

MARTHA

– DIE ZU NADUA WURDE

Auf meinen Ausbildungskursen werden des öfteren Berittpferde oder Schulpferde zugeteilt, deren Wert zur Ausbildung genau darin liegt, sich über eine Störung mitzuteilen. Die teilnehmende Gruppe kann dann knobeln, wie sie dieses Problem in drei Wochen lösen würde oder nur zuschauen, wenn ich Lösungsstrategien entwerfe, anordne, überprüfe und selber durchführe!

Ein Zeitraum von drei Wochen im Ausbildungskursus sollte immer lang genug sein, um den grundlegenden Balanceverlust auszugleichen, der durch körperlichen oder seelischen Ballast entstanden ist. Der Weg zum Erfolg setzt gezieltes Arbeiten unter einem aufmerksamen, intelligenten Denkansatz voraus. Die zu bearbeitende Fläche ist dann das Körperbild und gleichzeitig Selbstbild von Pferd und Reiter in ihrer Gestalt, und zwar der jeweiligen und der gemeinsamen. Die jeweilige Gestalt wird innen und drinnen sowie außen und ganz draußen beobachtet, balanciert und gefestigt.

Die gemeinsame Gestalt zwischen Pferd und Reiter wird erst zwischen beiden am Boden entwickelt und zwar unter verschiedenen Perspektiven und Distanzen sowie unter den Aspekten verschiedener Schwierigkeitsgrade. Dabei unterscheiden wir Geschicklichkeitsaufgaben unter Berücksichtigung und zur Einschätzung der Wahrnehmungsschulung und persönlichkeitszentrierte Aufgaben zum Thema Angst und Mut. Zusätzlich machen wir einen Ausblick: Zu welchem Besitzer würde das Pferd gut passen, und zu welcher Aufgabenstellung? Wie weit kann das Pferd darin wohl kommen und woher noch, außer von der Feldenkraismethode, kommt die didaktische oder heilerische Hilfestellung?

Aus Martha, vor der alle Angst haben, wird Nadua, nach der jeder fragt. Foto: N. Franke

Es ist ein sehr spannender und lustbetonter Vorgang, Fernwege von Menschen und Pferden unter diesen Aspekten zu sehen und anzuleiten. Meine Kursteilnehmer in den Ausbildungskursen behaupten immer, die Feldenkraismethode sei wie ein Superklebstoff, nicht mehr loszuwerden. Wenn es so ist, habe ich richtig gearbeitet und freue mich.

Tatsächlich handelt es sich um ein Paket von erlernbaren Informationen, wovon persönlich die eine Information wichtig und die andere unwichtig ist zum jeweiligen Zeitpunkt. Nur der Ausbilder oder Multiplikator sollte natürlich möglichst viele Standpunkte

einnehmen können, um den Lernstand des jeweiligen Schülers, sei es Pferd oder Reiter, gewahr werden zu können. Alle Feldenkraisarbeit findet in einem Klima von Heiterkeit und Ruhe statt. Das ist Sitte und Methode zugleich. Das Unterbewußtsein läßt sich nur nachnähren und an den Zeitpunkt des Balanceverlustes zurückführen, wenn es vertraut. Wenn Mensch oder Pferd aus gesundheitlichen Gründen (zum Beispiel weil sie einen Schmerz loswerden wollen) oder aus psychologischen Gründen übertreiben, etwa weil die Sehnsucht nach neuen Werten und Hoffnungen sie überwältigt, kann es zum Ausbruch von Ärger,

Aggression, Angst oder Blockierung kommen. Hierbei ist die – ebenfalls zu erlernende – Position des Feldenkraislehrers, sich mit diesem Anwurf nicht persönlich für wichtig zu nehmen, allerdings sich auch in keiner Weise als Angriffsfläche zur Verfügung zu stellen. Vielmehr gilt es zu erkennen, daß man Platzhalter ist für etwas oder jemanden, der Schaden verursacht hat. Zusätzlich gilt es in der Lehrerposition zu bleiben, neue Positionen, Richtungen und Lösungsansätze zu entdecken, kreieren und vorzuschlagen. Hilfreich ist es meistens, das Tempo in der Vorgehensweise zu überarbeiten, das sogenannte Timing.

Methodik sollte dabei nicht nach dem Lehrbuch, auch nicht nach Selbsterfahrung, sondern vielmehr aus dem Bauch heraus eingesetzt werden. Mit dem Handwerkszeug von Information, Selbsterfahrung und Berufserfahrung entsteht das Arbeitsmaterial Intuition. Und Intuition zu aktivieren, vergrößert den Spaß noch einmal, den man hat, wenn man ein(e) Feldenkraislehrer(in) ist.

1996 war das Vollblutpferd Martha Schulpferd im Ausbildungskursus der Reiter. Es handelte sich um einen Abschlußkursus der 40tägigen Ausbildung. So konnte bei den Teilnehmern schon ein differenziertes Wissen und die Fähigkeit zur Umsetzung von körperorientierten Hilfestellungen vorausgesetzt werden.

Schulpferde kommen oft ohne begleitende Meldung der Problemlage in den Kursus. So erfuhren wir nur, daß Martha erst vor 14 Tagen vom Pferdehändler gekommen war. Sie wurde im Schulbetrieb beim Abteilungsreiten in einer Vierergruppe eingesetzt. In der Zäumung war sie mit einem sogenannten Pullerzügel festgestellt. So konnte mit einer enor-

men Hebelwirkung der Kopf vor die Brust heruntergezogen werden. Offensichtlich war sie reiterlich unbeliebt bei den Jugendlichen im Schulstall; es versammelte sich gleich eine Gang von jungen Mädchen, um Marthas Auftritt zu „erleben". Die erste Reitstunde im Kursus steht immer unter dem Motto: erstes Ankommen zwischen den Pferden und Reitern, den Pferden innerhalb einer Gruppe beim Durcheinanderreiten und erster vertrauensbildender Kontakt zwischen den Pferden, den Reitern und mir – der Reitlehrerin – sowie dem Ankommen in der Reitbahn, in diesem Fall einem Außenplatz.

Marthas erster von mir zugeteilter Reiter war Benjamin, ein sportlicher junger Mann, der eine Tanzausbildung durchlaufen hatte und der auf Wanderritten in Frankreich ein

Von Naduas Gesichtsausdruck her kann man auf Zusammenarbeit bauen. Foto: N. Franke

freiheitliches Reiten gelernt hatte. Benjamin saß kaum oben, da ging Martha im zügigen Galopp rund um die Außenbahn von 60 m durch – mit Beschleunigung an den langen Seiten – und offensichtlich ohne jede Vorstellung von Bremsen. Benjamin hielt sich mühsam, aber wacker oben, doch auch er hatte auf seinen Wanderritten nicht gelernt, bei einem durchgehenden Pferd die Notbremse zu ziehen. Ich hielt die anderen drei Reiter an. Erstens sollte keiner sich anstecken lassen von Marthas Galoppierwut und zweitens ist das immer die erste Maßnahme, wenn ein Reiter der Gruppe in Gefahr ist. Außerdem sicherten wir die zwei offenen Ausgänge des Außenreit-

platzes, damit Martha die Bahn nicht verlassen konnte und sie und Benjamin dadurch zu Schaden kämen. Dann sprach ich beruhigend auf Martha ein und hielt ihr Hafer hin, um sie zur Kontaktaufnahme zum „Bodenpersonal" zu bringen. Nach vielleicht einer Viertelstunde hielt Martha an. Benjamin war bedient – zu Recht – und bekam ein anderes Pferd. Martha wurde noch eine Weile geführt und dann in ihre Box gestellt.

Am nächsten Tag kam Nancy an. Sie war gelernte Rennreiterin (gewesen). Jedenfalls saßen Freude und Feuer des irrational „freien" Vorwärtsgalopps noch in ihren Knochen. Sie wollte gerne Marthas Kursreiterin sein. Sie war

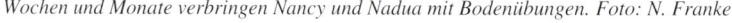

Wochen und Monate verbringen Nancy und Nadua mit Bodenübungen. Foto: N. Franke

mit Rennpferden groß geworden, hatte keine Angst vor Geschwindigkeit, und es reizte sie natürlich die Aufgabe, den „Draht" zu Martha zu finden. Martha wurde also am nächsten Tag mit Nancy als Reiterin geführt. Dabei achtete der Führende darauf, sich körpergewandt und rhythmisch mit dem Pferd zu verhalten, dabei jedoch dominant zu sein, um das Tempo im Schritt (oder Trab) halten und kontrollieren zu können. Nancy als Reiterin saß passiv und ruhig denkend auf dem Pferd. Dabei hielt sie ihre Glieder unter Kontrolle, um keine Treibimpulse zu geben oder den Verdacht aufkommen zu lassen, sie wolle mit dem Zügel einwirken! (Beim Rennpferd fordert der kurz aufgenommene Zügel das Pullen meistens noch heraus.)

Martha wollte offensichtlich mittun und hielt dieser Aufgabe stand. Es war zwar eine explosive Angelegenheit, da sie immer wieder anzackelte. Offensichtlich aber wollte sie die Hilfestellung der Führenden und die Ansage aus der Mitte der Bahn annehmen. So war das Team Nancy - Martha geboren.

Um Martha die Möglichkeiten zu geben, neue und angenehmere Reitererfahrungen zu machen, wurde sie befreit vom Gebiß, dem Nasenriemen und dem Köhlerzügel sowieso. Statt dessen wurde sie mit dem gebißfreien sogenannten Sidepull oder Lindel geführt geritten und bald auch ungeführt geritten. Parallel dazu kam sie in den normalen Rhythmus der Bodenübungen und Körperübungen im Kursverlauf.

Gleich am Anfang der Abschlußkurse ist das geordnete Freilaufenlassen der Pferde einzeln in der Reithalle ein Thema, das eingeübt wird. Hierbei geht es um die Kommunikation in ihrer freiheitlichsten Form zwischen einem blanken Pferd und seinem vom Boden aus arbeitenden Reiter. Mit Gestalt und Stimme wird das Pferd dirigiert. Erst ist die Anfrage ein ruhiges und rhythmisches Laufen rechts- und linksherum im Schritt, Trab und Galopp sowie in einer Acht oder auf einem kleineren Zirkel. Bald kann man daraus auch ein Freispringen entwickeln oder ein Pas de deux, wie einen Tanz, angereichert mit Rückwärtsrichten, Seitengängen und Zirkuslektionen. Klassisches Hilfsmittel dabei kann die Arbeit mit der Longenpeitsche sein, die dann hinführt zu Arbeit zwischen zwei Longen. Aus der Zirkusarbeit kommt die Anleitung des Pferdes zwischen zwei Gerten. Diese Arbeit mit zwei Zauberstäben als verlängerten Armen oder zwischen zwei Händen haben wir auch in der Feldenkraisarbeit übernommen, da wir dann zum Ausdruck über die Hände kommen. Aus der Cowboyarbeit kennen wir das Freilaufen im Round Pen, wobei die Kommunikation mit der Körpersprache verstärkt wird durch ein Seil (Rope) oder ein Lasso. Vor jedem Reittag arbeitete Nancy mit Martha 15 Minuten im Round Pen. Sie setzte sich dabei eher aus dem Stil der Cowboyarbeit mit dem Pferd auseinander. Martha reagierte auf Nancy sofort ganz wunderbar, als hätte sie ihr Leben lang nichts anderes gemacht. Sie war offensichtlich dankbar und erleichtert, daß endlich jemand mit ihr zusammenarbeitete. Interessanterweise hatte Martha gleichzeitig vor dem Freilaufenlassen nach dem klassischen Konzept beim sanftesten Einsatz einer Longierpeitsche Hast, Angst und Unruhe. Sie hatte damit offensichtlich schon schlechte Erfahrungen gemacht. Wir suchen jedoch als Basis immer die angenehme neue Erfahrung, um den Boden zu bereiten für neue Lernwege.

Nadua steht wartend auf einem fremden Hof beim Wanderritt. Foto: N. Franke

Im Laufe von drei Ausbildungswochen waren enorme Fortschritte zu sehen. Martha raste nicht mehr los, wenn Nancy die Zügel aufnahm, und konnte auch angaloppiert und wieder aufgehalten werden – bei gebißfreier Zäumung sowie mit und ohne Sattel.

Glücklicherweise kaufte Nancy sie dann und aus Martha wurde Nadua in Berlin. Nadua hatte den Besitzwechsel sofort begriffen und angenommen und war bereit, nach Berlin heimzukommen. Das war natürlich ein Aufstieg: Sie kam an im Sommer und gleich in eine gut geführte Herde auf einer großen Weide, die genügend Platz zum Ausweichen bot. Gelassen machte sie sich über Nacht Liebhaber und Freunde.

Selbstverständlich und gerne ging sie auch den zwanzigminütigen Fußweg zum Reitplatz mit und nahm von Anfang an jede Anregung

dankbar auf. Nancy konnte sich gleich auf das blanke Pferd setzen und sie war mit einem Strick um den Hals zu dirigieren. Sie war also im Kontakt und wirklich willig. Aus den schlechten Erfahrungen ihres vorigen Lebens zeigte sie jedoch noch einige Zeit die Neigung zum Sattelzwang, eine gehörige Gerten- und Peitschenangst und im Gelände die Neigung durchzugehen. Lange Zeit wurde sie also vom Boden aus gearbeitet, angefangen also bei der Stunde Null einer jeden Ausbildung. Heute kann man mit der Peitsche knallen und Nadua gleichzeitig zu sich herrufen.

In der ersten Zeit zeigte Nadua Trauer und Verlassenheitsängste, wenn Nancy ein paar Tage nicht zum Arbeiten kam. Nach einer Weile wurde sie auch seelisch belastbarer. Sie mußte sehr viel Angst- und Muttraining durchlaufen und kann heute mit Planen, Blechbüchsen und dergleichen mühelos konfrontiert werden. Jedoch war sie lange ein verschlossenes Pferd und gleichzeitig sehr berührungsempfindlich, besonders am Rücken. Tierarzt und Hufpfleger müssen gelassen und sicher sein, sonst macht sie nicht mit.

Es dauerte rund zwei Monate, bis Nancy auf ihrer Nadua ohne Probleme am Halfter und ohne Sattel in allen drei Gangarten auf dem Platz und im Gelände reiten konnte. Bis dahin gab es viele Spaziergänge, Bodenarbeit, Körperarbeit und Training im Picadero.

Nach einem Jahr ist Nadua auch schon ganz leidlich im Gelände in der Gruppe und in den höheren Gangarten. Sie machte mit Nancy einen Wanderritt mit und sollte in eine neue Gruppe umziehen, mit nur drei anderen Pferden.

Nach wiederum einem Jahr ist Nadua ein anderes Pferd geworden. Sie lebt jetzt ihren indianischen Namen, der soviel heißt wie: „Die sich bei uns wohl fühlt!" Sie ist heute ein tolles Pferd, das immer wieder bewundert wird. Vor dem Hängerfahren hat sie immer noch Angst, vielleicht aus der Sorge heraus, verkauft zu werden. Nadua zwingt ihren Reiter nach wie vor und sicher für immer zu einer klaren mentalen Ruhe. Man darf nicht vorausdenken. Sie kann den Gedanken lesen und kürzt ab. Den Gurtenzwang hat sie nicht verloren, und auch ihre Überbeine erinnern an das harte frühere Leben sowie ein Knick im Hals und eine Verhärtung der Muskulatur auf beiden Halsseiten. Eine Narkose beim Tierarzt brachte sie eines Tages zur völligen Losgelassenheit. Sie fing praktisch neu an, strahlend und locker wie nie zuvor!

Lösen kann sie sich bei der Arbeit im Galopp. Nach ein paar hundert Metern auf dem Platz oder im Gelände schnaubt sie dann tief ab. Anders dauert es sehr lange, sie zu lösen, oder ist fast unmöglich. Eine große Hilfe für Nancy und Nadua war es, den passenden Sattel zu finden, einen Pferd und Reiter angepaßten Orthoflex, der sogar ohne Begurtung gut liegt. Doch liegt der eigentliche Erfolg in der tätigen Freundschaft zwischen Nancy und Nadua. Nadua durfte alle Methodik aus dem körperbewußten Ansatz durchlaufen, aber unter Berücksichtigung ihrer Persönlichkeit wurde mit ihr gearbeitet. So konnte sie entgegenkommen, sich wohlfühlen und Reitgefühl zurückgeben.

Das Geheimnis des Zusammenwachsens zwischen Nancy und Nadua ist die freiheitliche Form. Foto: N. Franke

MORITZ UND SIMONE

– DIE ZUSAMMEN AUFGEWACHSEN SIND

Ich lernte Moritz und Simone auf einem meiner Mehrtageskurse für Feldenkrais und Reiten kennen. Auf den kurzen Kursen ist der erste Reittag meistens so strukturiert, daß Pferd und Reiter sich mir und der Gruppe vorstellen. Dies erfolgt in einer ersten Gesprächsrunde sowie beim freien Reiten innerhalb ihrer Reitgruppe. Die Reiter werden dabei veranlaßt, sowohl auf die Suche nach Losgelassenheit zu gehen als auch ein persönliches Sicherheitskonzept vorzustellen. Zum dritten haben Pferd und Reiter dann die Möglichkeit, sowohl ihre persönlichen Chancen als auch ureigene Lernblockaden und meist lang angelegte Fehlerquellen zu outen und darzustellen. Als Basis für den Lernerfolg liegt der Sinn auch darin, nicht bewertendes oder abwertendes Klima einzuführen. Hierin liegt ein „gemeiner" Trick, denn für den jeweiligen Kursteilnehmer ist es gar nicht so einfach, den inneren Leitsatz loszuwerden, der da sagt: „Sei perfekt – oder gib wenigstens ein gutes Bild ab!"

Die erste Reitstunde ist nicht im einzelnen vorgegeben. Ich begleite ausschließlich beobachtend.

Die erste Vorgabe lautet zum Beispiel: Ankommen im Raum – nach der Hängerfahrt oder der ersten Überwachung im fremden Paddock – auf dem fremden Reitplatz oder Halle – in der fremden Reitgruppe mit der meist vorher nicht bekannten Lehrerin.

Die Teilnehmer(innen) lösen diese Aufgabe auf sehr unterschiedliche Weise: die meisten wirken sehr nervös und fragen auch nach einiger Zeit nach der Struktur des Unterrichtes und der genauen Aufgabenstellung. Die ist – wie beschrieben – ja zwar präzise vorgegeben, aber nicht bekannt. In der Bewußtheit der meisten Reiter liegt nicht die Großzügigkeit,

Hier ist Moritz elf Jahre alt und ein kopfloser Durchgänger. Foto: K. Weber

mit sich selber am ersten Tag an einem fremden Ort sich einfach nur zu orientieren und einzurichten. Es gehört Grandezza und Légèrété dazu, mit sich selber großzügig zu sein und es sich und dem Pferd leichtzumachen im neuen Raum. Obendrein ist dieses alles nur ein Trick im Leistungskonzept. Der nächste Tag, der Tag der ersten bewußten Arbeit, profitiert davon, wenn wir das Ankommen passend gestalten. Zudem werden unsere Pferde gerne verreisen, wenn sie aus Erfahrung wissen, daß ein nettes Ankommen garantiert ist. Im Laufe der Jahre, nach genügend Wachstum und Reifung, wird für viele

Pferde und Reiter der erste und der zweite Tag zu einem Vorgang verschmelzen. Der erste Teil der Reiteinheit gehört dann dem „Ankommen", und der zweite Teil ist die Trainingsphase zu einem persönlichen Thema oder die Vorzeigung des schon bis hierher entwickelten Ausbildungsstandes. Häufiger verbreitet und wahrscheinlich jedoch ist es, daß viele Pferde und Reiter mindestens den einen Tag Schonzeit brauchen, um zu ihren ureigenen Möglichkeiten des Lernens und zur Selbstdarstellung zu kommen. Aus der Feldenkraismethode wissen wir, daß ein wunderbarer, realer, sich gemäßer Zustand erreicht

Moritz war zu allen Zeiten im Umgang sehr lieb. Foto: K. Weber

ist, wenn wir wissen, wo wir stehen innerhalb von Grenzen und Möglichkeiten, und von dieser lebensbejahenden, sich selbst annehmenden Plattform aus die ersten tastenden Schritte machen, Lernschritte zu tun, mit denen wir uns innerhalb des eigenen Potentials ergänzen und vervollkommnen.

Das zu tun ist sehr schwer, da kulturelle Leitsätze uns ein anderes Wertebild auferlegt haben: „Zeige Haltung! Streng dich an! Du wirst doch keine Angst haben! Bummele nicht herum!" Meistens werden diese Werte der westlichen Industriegesellschaft unreflektiert, unüberlegt und unüberarbeitet vom Eltern-

haus vermittelt. Dabei wäre das eigentlich ein Ort, wo mehr aus dem Bauch und aus dem Herzen heraus die Anleitung zum Wachsen und Werden geschehen sollte. Wenn dieses nicht so war, könnte er oder sie in der Feldenkraismethode lernen, sein eigenes Herz, seinen eigenen Bauch zu spüren und sich darum herum zu orientieren, organisieren und balancieren. Dabei fühlt sich realistische Selbsteinschätzung am Anfang manchmal fremd und unangenehm an.

Die gänzlich gewohntermaßen gewahr gewordene Haut, Haltung, Panzerung und Vorgehensweise muß manchmal aufgegeben werden. Der Gewinn ist immer der neue Glanz, der vom Selbstausdruck ausgeht. Ein viel schönerer Schimmer als der einer aufgesetzten Tünche oder Maske. Wobei die Skala der Gefühle von Angst, Wut, Trauer, Freude und Lust ohne Übung viel schwerer auszuhalten ist – und dennoch viel menschlicher wirkt und menschliches Handeln bestimmt.

Als Feldenkraislehrerin sage ich also: „Komm an am Arbeitsplatz, von dem aus du dir selber Lernfortschritt ermöglichen willst, und zeige dich möglichst aus der Nähe, ausgehend von deinem Bauch und deinem Herzen." Als Feldenkraislehrerin beim ersten Reiten am Kursort wünsche ich dir: „Schau umher im Raum, der zum Reiten vorgegeben ist. Sieh die anderen deiner Gruppe an! Mit wem kannst du mitschwingen, von welchem Pferd oder Reiter geht eher Gefahr aus, wo sitzt der Witz, der Humor, das Lachen, das den Bauch frei macht? Wie sind die Bodenverhältnisse, auf denen du reitest? Gibt es Unterschiede? Kannst du den für dich und dein Pferd leichteren Boden nehmen? Welche Aufgabenstellungen sind leicht für dein Pferd, und welche schwierig? Schaffst du es, alles was leicht ist, vorzulegen und das Schwierige nur zu berühren oder gar zu vertagen? Fühlst du dich sicher in dem Raum? Hast du die möglichen Gefahrenquellen vorausschauend abgeschätzt und eingeordnet? (Eine Gefahrenquelle entsteht zum Beispiel, wenn neben dem Reitplatz ein Hengst auf der Weide läuft oder die Bahn offene Ausgänge hat auf einen engen Asphaltweg. Gefahr entsteht auch, wenn parallel zum Reiten ein durchgeknalltes, buckelndes, verspanntes Pferd longiert wird, das vielleicht ausschlägt oder mit der Longe wegläuft.) Und wiederum: Meine Aufgabe als Felden-

kraislehrerin ist es nicht, dabei präzise anzuleiten. Die Benennung der Gefahrenquellen nehme ich davon aus. Die Aufgabe der Feldenkraislehrerin ist es, eine Situation und Atmosphäre immer wieder vorzugeben, in der die Entdeckung der eigenen Mitte und Orientierung möglich, angenehm und willkommen sein wird. Das ist ein hartes Stück Arbeit für den Kursteilnehmer und Schüler mit und ohne Pferd und eine hohe Konzentrationsaufgabe mit Beschränkung auf das Wesentliche für die Lehrerin.

Die zweite Vorgabe zur ersten Reitstunde am Kursort wird immer wieder sein: Begehe, beschreibe, reite die dir vertrauten Wege und Formen zum Erreichen von Losgelassenheit. In der klassischen Literatur ist die Absolvierung

Der Linksgalopp war für Moritz nicht leicht anzuzetteln, da Simone das linke Sitzbein und das linke Hüftgelenk blockierte. Foto: K. Weber

von Losgelassenheit der vorgegebene erste Schritt vor dem weiteren Trainingsaufbau im technischen Reiten. Eine Grundlage also. Es ist sehr spannend, wie zwölf Reiter in einem Kurs mit der Anordnung: „Strebe Losgelassenheit an!" umgehen. Häufig bemühen sie das kulturelle Erbe aus dem Reitsport. Leichttraben, Schenkelweichen, das Reiten von Schlangenlinien sollen Losgelassenheit bringen, bestenfalls noch Turn- und Lockerungsübungen beim Reiter.

Offenbar fehlen jedoch bei den meisten meiner Schüler die Kriterien zur Einschätzung von Spannung und Spannungen sowie der Abgrenzung zwischen dem genau benötigten guten Tonus und der Fehlspannung. Außerdem fehlt die Information für die Skala der Bewertung von Losgelassenheit. Statt dessen wird häufig ein diffuses Angebot gemacht zwischen „locker" sein, gut drauf sein und Wagemut. Solche Ausdrucksformen führen in die Irre, nämlich weg von der Losgelassenheit als dem entspannten Sein in Sehnen, Bändern und dem Nervensystem bis hin zu einem befriedeten, ruhigen Kopf. Losgelassenheit brauchen wir für einen freien Atemfluß und den geordneten Herzschlag und Rhythmus. Die Fähigkeit zur Losgelassenheit ermöglicht uns, von der Anwendung von Kraft pausieren zu können hin zum ausgeruhten aufmerksamen Einsatz wiederum mit Kraft.

Dr. Moshe Feldenkrais war bei weitem kein Schlaffi, sondern sowohl ein international hoch anerkannter Judomeister als auch Atomphysiker. Er stand also körperlich und geistig in der dem Menschen möglichen optimalen Kraft. Aus der nach ihm benannten Feldenkraismethode haben wir die Chance, das Potential zu entdecken, welches vom sogenannten Inter-

valltraining ausgeht: der Entwicklung von momentaner guter Spannung aus der Pause oder Startphase auf der Basis von Losgelassenheit. Uns ist dabei völlig klar, daß körperliche und seelische Losgelassenheit im Einklang stehen und sich gegenseitig kreieren. Daß die Entwicklung von Losgelassenheit so schwierig ist, ist wieder eine belastende kulturelle Hypothek. „Sei locker" wird uns zwar angeordnet, jedoch nicht im Sinne von Harmonie und Tiefenspannung. Ausbeutung von Arbeitskraft wäre dann nicht mehr so gut möglich und beim Reiten nicht das Hochhalten der militärischen Traditionen und Zwecke.

Als Feldenkraislehrerin möchte ich zwischen Pferd und Reiter das Erkennen und Erlernen von Losgelassenheit ermöglichen, und das von der Arbeitsatmosphäre her genauso wie vom Erkennen und dem Fluß der Informationen. Häufig kommt es dabei vor, daß der konventionellen Werten verhaftete unbeteiligte Zuschauer an dieser Stelle der Arbeit am meisten in Angst, Verwirrung, Abwehr und Ärger verfällt. Jedoch wir Feldenkraisler wissen, was wir tun in dem Kreieren der Möglichkeiten zur Losgelassenheit in der insgesamten Annäherung von Gleichgewicht. Wir möchten den Zugang ermöglichen zum Rhythmus. Es handelt sich um einen sehr persönlichen Zugang zum gleichmäßigen Bewegungsfluß und seinem inneren Klang. Voraussetzung dafür ist die Entwicklung der Fähigkeiten „Horchen" und „Schauen". Dafür geben wir Zeit und Ermutigung und Bewunderung, wenn es geschieht. Ein wunderbares Hilfsmittel beim Reiten für die Entfaltung von Rhythmus ist das Unterlegen mit Musik und Gesang. Beim Pferd und beim Reiter ist dabei jede sichanpassen-wollende freie Bewegung und Äuße-

Simone und Moritz erfolgreich auf dem ersten Turnier. Simone blockiert wieder die Hüftgelenke und setzt sich auf die Oberschenkel. Foto: K. Weber

rung erlaubt; Musik also nicht in erster Linie aus der militärischen Tradition heraus, sondern aus dem inneren Klingen. Als Feldenkraislehrer zetteln wir für die Erreichung von Losgelassenheit die Suche nach dem freien Atemfluß an. Wir gehen davon aus, daß der Verlauf der Atmung etwas sehr Persönliches ist, lebensgeschichtlich und emotional ganz individuell beeinflußt. Dennoch ist der Hauch des Atems die Grundlage der Lebendigkeit. Die Aufgabenstellung beziehungsweise Vorgabe an den Reiter sowohl neben als auch auf dem Pferd ist also: Finde die Wege der

Atmung, suche Atembewegungen; wohin spürst du ihre Auswirkungen und wohin nicht? Ist der Atemfluß und Atemenergie für dich fühlbar? Kannst du deinen Schwerpunkt über Ausatmung fühlen und (kraftvoll) aktivieren? Wohin in seinen Körper und in welcher Qualität glaubst du, atmet dein Pferd?

Keine leichte Aufgabe für den körperunbewußten Reiter oder sogar Ausbilder. Der Volksmund ist hier wieder nicht hilfreich: „Hol' erst einmal tief Luft!" Damit zetteln wir nach Auffassung der Feldenkraismethode nicht einen freieren Zugang zum Atemfluß

„Das sieht schon sehr nett aus. Jetzt noch den Schwerpunkt kraftvoll beatmen, Simone, dann kommst du leichter in die Bewegung." Foto: K. Weber

an. Vielmehr geschieht dies durch das Gewahrsein, den Faktor Zeit für Aufmerksamkeit, das Suchen nach und Vergleichen von Heben und Senken im eigenen und fremden (Pferd) Körper durch Atembewegungen, durch den Vergleich von Atemfluß in Ruhe und Bewegung und zwischen unterschiedlichen körperlichen und seelischen Haltungen. Sei Meister deiner eigenen Beweglichkeit! Ist deine Atmung unter Streß, so lasse dich nicht zu einer nächstschwierigen Aufgabe verleiten. Als Lehrer kreieren wir thematisch häufig Wiederholung, Monotonie, Unterforderung, aber auch Ablenkung durch Spiel und Gespräch, bis der Atemfluß stimmt beim Pferd und beim Reiter. Hervorquellende

Augen, hochrote Köpfe oder kreideweiße Gesichter, verbissene Lippen sind für uns kein Ansporn für Leistungssteigerung, ebensowenig wie beim Pferd knatschen und knirschen, lautes Laufen oder keuchendes Ausatmen bei jedem kurzen Stop. Vielmehr bestätigen wir den Reiter, der seinen Kontakt zur Atmung benennen kann, und beim Pferd das wiederholte herzhafte Abschnauben und das rhythmische Prusten zum Bewegungsablauf hin. Im günstigen Fall des Erreichens der Losgelassenheit streben wir das Wollen und Vermögen von Dehnung an. Dabei wollen wir sowohl das optimale oder wenigstens graduelle Längen von Muskulatur und Bändern erlebbar machen auf der Basis gut zueinander abgestimmter

Wirbelkörper, Knochen und Gelenke. Wir bewerten auch gesunderhaltend, hilfreich und positiv das Zusammenspiel der Streck- und Beugemuskulatur in Harmonie mit der jeweiligen körperlichen und seelischen Verfassung. Dehnung sehen wir aus der Feldenkraismethode als einen erlernbaren Vorgang – etwas Geistiges. Der Wille und die Traute zum Erlernen von Dehnung sehen wir als reife seelische Leistung an, egal ob die Ausgangsposition schwach ist. Die Beeinflussung der Muskulatur über Streckübungen ist untergeordnet, das Längen über Balance und Erweiterung von Raum komplexer und nachhaltiger.

Für das Pferd heißt längen, Oberliniendehnung mit und ohne Reitergewicht einnehmen zu können. Dabei schnobert in allen drei Grundgangarten bei pendelnd hängender Schweifrübe das Maul des Pferdes am Sand. Es zeigt zudem adäquat beim Wenden und Biegen zum Beispiel nach links auf der linken Körperhälfte Beugung harmonisch mit der Streckung auf der rechten Körperhälfte und nach der anderen Seite umgekehrt. Mit Übung sieht es einfach passend aus. Inneres Ohr und innere Hüfte kommen aufeinander zu. Die Rippen verdichten sich wie beim Akkordeon, der Mähnenkamm kippt nach innen. Das innere Hinterbein vermittelt den Eindruck, den Schwerpunkt des Pferdes und den Sitz des Reiters zu stützen beziehungsweise diese Last tragend aufzunehmen. Der Reiter sollte sich sowohl aufgerichtet und überstreckt als auch gebeugt einsetzen können, um jeweils seinen Grundsitz und den Aufbau der Knochen neu zu ordnen und neu anzulegen.

Hohe Schule erwartet dabei vom Reiter hoch tonisierte, jedoch gut balancierte Spannung. Korrekturreiten des nervösen Pferdes zur Losge-lassenheit, die Fähigkeit, mental und körperlich angemessen abzuspannen.

Zusammenfassend ist also zu sagen: Die ersten Stunden und Wochen vom Reiten nach Moshe Feldenkrais haben es in sich. Es gibt wenig zu tun, jedoch viel zu betrachten. Ein neues Erleben wird angefacht. Es handelt sich um sehr harte Arbeit auf sich selber zu. Für den Reiter heißt das gleichzeitig, daß er sich auf sein Pferd zubewegt. Das ist der Gewinn. Nicht: „Der Bock muß laufen!", sondern „Ich spüre Reitgefühl, Hochgefühl, Gefühle!"

Liebst du den Tanz?
Das Pferd ist ein Tänzer an deiner Hand:
Ein Tänzer in die Unendlichkeit.
Aus dem Schwung, den du ihm mitteilst,
folgt die Leichtigkeit, folgt das
Schweben.
Alle Kraft fühlst du sich unter deinem
Sattel vereinigen.
Das Land bleibt hinter dir zurück.
Die Welt fließt an dir vorüber.
Dein Tänzer trägt dich davon.
(R. G. Binding)

Nun wieder zu Simone und Moritz.
Die Erstvorstellung von Simone und Moritz verlief folgendermaßen: „Ich bin mit meinem 'Opi' da," so Simone. Reiterliche Schwierigkeiten benannte sie mit der mangelnden Fähigkeit von Moritz, in den Linksgalopp zu springen. „Ist er zu alt, um das zu lernen?" Außerdem war sie der Meinung, daß er im Gelände entschieden zu heftig sei, und wollte Beratung in Bezug auf Gebißauswahl, Überprüfung des Sattelzeuges und ähnliches. Zudem wollte sie sich mit ihrem seit zwei Jahren von Frank entwickelten Leistungsstan-

dard vorstellen. Immerhin hatte das Paar Simone und Moritz gerade bei einer Dressur den vierten Platz belegt. Ich möchte dazu sagen, daß Frank Reitwart FN ist sowie seit Jahren mit mir den körperbewußten Ansatz erarbeitet und den Ausbildungskursus erfolgreich durchlaufen hat. Die Lernfortschritte von Simone und Moritz sind somit auch sein Werk, wie etwa ein Gesellenstück.

Dann wurde der „Opi" selber vorgeführt, ein wunderschöner Haflingerwallach von jetzt 18 Jahren. Quirlig, unruhig und unhöflich beturnte er den fremden Anbindeplatz am Kursort, obwohl wir Menschen um ihn versammelt waren und er unmittelbare Berührung mit anderen Pferden hatte. Ihn als „Opi" vorzustellen, fand ich persönlich verfehlt. Ein Haflinger braucht sich mit 18 Lenzen nicht alt zu zeigen und dieser war wahrlich nicht senil. Vielleicht war es die konventionelle Sichtweise, die Simone veranlaßt hatte, ihn als „alt" vorzustellen – oder war es vielleicht die gelebte lange Strecke zwischen den beiden.

Im ersten Eindruck vom Exterieur her fand ich ihn sehr langrippig und dabei tief und stramm im Rücken. Das paßte zum unruhigen Habitus und der Verkürzung des eigentlich schönen langen Halses zu einer hohen Kopfhaltung. Rassetypisch vom Haflinger her sollte ein kräftiger, gewölbter, starker belastbarer

„Sehr schön, Simone und Moritz!" Foto: K. Weber

Rücken sein. Das war es nun nicht, dennoch kann man Moritz immer als Kraftpaket einschätzen, wenn ich ihn mit einem Araber oder Paso Fino vergleiche.

Simone dagegen ist von schöner Gestalt, schlank gewachsen und durchaus eher zart. Sie sehen es auf den Bildern. Wie kam es nun zu diesem Gespann? Simones Vater hatte zwei dreieinhalbjährige Haflinger zusammen von einem wunderbaren Züchter im Schwarzwald gekauft. Dort hatten sie auf einer riesigen Fohlenweide ihre Jugend genossen. Jetzt lebten sie im schönen Offenstall mit Auslauf. Simones Vater starb kurz nach dem Ankauf der Pferde und die beiden Töchter haben „die Verantwortung" gefühlt, das Erbe in Form dieser zwei starken ungerittenen Pferde anzutreten. Sie waren dabei alleine und sicher nicht in ihrer persönlich besten Form. Dennoch sind sie den langen Weg von 15 Jahren mit den beiden Pferden zusammen gegangen und gehen ihn heute noch. Woran man wieder sehen kann, daß Reiten oft weitaus mehr bedeutet als die Ausübung vom Reitsport. Die Mädels jedenfalls haben ohne Ausbildung und Ausbilder diese beiden starken jungen Pferde eingeritten und sich gleichzeitig selber das Reiten beigebracht. Simone war damals zwölf Jahre alt. So etwas kann gutgehen, muß aber durchaus nicht und sollte sorgfältiger Beobachtung unter dem Sicherheitsaspekt unterliegen. Ins Gelände ritten die beiden Mädchen also „einfach drauf und los".

Moritz wurde daraufhin „sehr nervös", „tänzelte ständig", „er konnte nicht eine Minute ruhig stehen" und vor allen Dingen „ging er permanent durch". Alle scharfen Gebisse wurden ausprobiert, zum Beispiel Rollerbit, Hackamore, Springkandare, Pelham. Das Pferd

ging durch und Simone beschreibt ihre Angst: „Das Vertrauen war total weg (ich denke beidseitig). Ich bin oftmals kilometerweit mit ihm nach Hause gelaufen, weil ich mich nicht mehr traute aufzusitzen. Abzuspringen war absolut an der Tagesordnung … In der Gruppe zu reiten war absolut unmöglich, sowohl im Gelände als auch in der Bahn. Moritz war immer meterweit voraus, keiner durfte ihm zu nahe kommen. Wurde ein andres Pferd schneller als er, ging er durch."

Simone, als Jugendliche, unterhielt sich mit „erfahrenen" Reitern und suchte Rat. „Das kriegt man eh nicht mehr hin" war die Antwort. Das hat Simone 13 Jahre lang geglaubt.

Aus der Distanz betrachtet sollten wir uns die Situation doch noch einmal vor Augen führen. Zwei junge Mädchen verlieren den Vater (Simone ist zwölf Jahre alt) und treten das Erbe an, mit geringen Reitkünsten zwei halbstarke Haflinger zuzureiten. Wie stark kann ihr Bauch zu dem Zeitpunkt eigentlich nur gewesen sein, der ihnen sonst ermöglicht hätte, Ruhe in die Lage zu bringen? Auch die Mutter wird innerseelisch zu beschäftigt gewesen sein, um die Gefährdung ihrer Töchter durch Unfall zu erkennen. Es ist normal und mit ziemlicher Sicherheit anzunehmen, daß es sich schon gleich zu Beginn des Zureitens um eine mentale Übertragung von Angst zwischen Reiterin und Pferd handelt. Natürlich setzte sich diese Angst auch in Simones Körperselbstbild und Gestalt fest und war heute auf dem 18jährigen Pferd noch zu erkennen.

Simone hatte Glück. Sie traf Frank und Regina. Die konzentrierte Zusammenarbeit unter dem körperbewußten Ansatz nach Dr. Moshe Feldenkrais konnte beginnen: Zweimal wöchentlich Boden- und Longenarbeit in der

Bahn, einmal wöchentlich Beritt von Frank und eine Reitstunde von Frank an Simone waren das Pensum. Ein wahrhaft ideales Konzept nach einer Vernachlässigung von 13 Jahren. Anfangs wurde Moritz geführt. Er schoß sonst rücksichtslos durch die Bahn. Moritz zeigte sich lange unkonzentriert und unmotiviert. Ich würde sagen, daß auch er vor lauter Angst innerlich abwesend war. Tatsächlich versuchte er ständig, die Bahn zu verlassen. Moritz fühlte sich stocksteif an (starr vor Angst). Er hatte sowenig Gleichgewicht, daß es ihm superschwer fiel, auch nur außenherum auf dem Hufschlag zu gehen. Was für ein Reitgefühl muß er hochgegeben haben an den Reiter und was für ein Reitgefühl muß Simone natürlicherweise an das Pferd zurückgegeben haben! Sicherlich im wesentlichen einen Schlagabtausch von Unruhe und Angststarre.

Nach zwei Jahren nun kam Moritz wesentlich beruhigt auf meinen Mehrtageskursus. Er reagierte konzentriert und arbeitete mit Spaß reiterlich mit. Nun bekam ich diese beiden vorgestellt und war für die Feinarbeit zuständig. Moritz wollte auf der linken Hand nicht links angaloppieren. So ließen wir ihn freilaufen und nach wenigen Aufforderungen zum richtigen Zeitpunkt galoppierte er ohne Reiter, Sattel und Trense links an. So kann ich immer überprüfen, daß die mangelnde Fähigkeit, links anzugaloppieren, aus einem Reiterfehler entstanden sein muß. Ich setzte Simone ohne Sattel auf ihr Pferd. Sie zagte, jedoch machte sie mit. Beim Reiten ohne Sattel fordere ich den Reiter zwangsläufig in einen lockeren Körper hinein. Und ich kann überprüfen, ob die Auflage des Sattels das Pferd beim Angaloppieren stört. Das war nicht der Fall, und Simone und Moritz gewannen ein Strahlen dazu.

Diese gemeinsame Harmonie ohne Sattel hatten sie sich noch nicht zugetraut. Mit Sattel ergab sich dann die Stunde der Wahrheit. Simone konnte Moritz links angaloppieren, wenn sie die linke Hand nicht feststellte und ihr linkes Hüftgelenk nicht blockierte. Die linke Hand muß beim Angaloppieren links eher öffnen und vergeben als schließen und nach hinten wirken. Das Hüftgelenk links muß sich öffnen und schließen und dem linken Sitzbeinhöcker Gelegenheit geben, durchzuschwingen. Dies alles geschieht auf der Basis eines breiten inneren Lächelns mit der frohen Bereitschaft, den Galoppsprung in hohem Rückenbogen rund werden zu lassen. Dieses kann man nur genießen ohne die Angst vor dem Fallen und mit Atem rund um den Schwerpunkt. Das Pferd muß allerdings gutartig mittun. Simone und Moritz sind heute ein wunderschönes Paar und auf der Basis dieser Informationen auf dem besten Wege für ein sicheres feines Reiten.

ISLAND SPOTLIGHT

– ODER EINE BEGEGNUNG MIT DER HERRSCHSUCHT

Island Spotlight ist ein Knabstrupper. Er wurde 1992 auf einem Inselgestüt auf Föhr geboren, ist heute also sieben Jahre alt. Er wurde früh nach Baden-Württemberg verkauft und in einer Hengstherde gut aufgezogen. Zweijährig wurde er an eine ältere Dame verkauft. Sie war eine ehemalige Dressurreiterin und mochte ihn sehr. Besonders auffallend sind seine für ein Barockpferd sehr großen Gänge, vor allem im Trab. Die Besitzerin wollte ihn wegen ihres Rückenleidens als „extra artiges" Freizeitpferd und für die Kutsche. So zog Island Spotlight nach Bayern um. Hier stand er zunächst noch mit drei anderen Hengsten auf der Weide und entwickelte sich so gut, daß er eigentlich gekört werden sollte. Da er zu frech und aufmüpfig wurde und nicht mehr zu handhaben war, wurde er zweieinhalbjährig kastriert. Der Knabstrupperverband hatte protestiert und dann ein Jahr später Islands ein Jahr jüngeren Vollbruder gekört. Island Spotlight verbrachte nochmals einige Monate mit einem anderen dreijährigen Knabstrupper auf der Weide, um sich von der Kastration zu erholen, und wurde dann „aufgestallt" in eine Boxenhaltung mit stundenweisem Koppelgang. Er wurde an Sattel und Trense gewöhnt. Da er aber wohl immer noch zuviel Unfug machte und noch zuwenig im Gleichgewicht schien, durfte er nochmals einige Monate auf die Weide. Vierjährig wurde Island Spotlight von seinem professionellen Bereiter FN der klassisch-englischen Reitweise angeritten und zweimal wöchentlich weiter beritten. An den anderen Tagen longierte ihn die ältere Dame oder ließ ihn freilaufen. Parallel dazu wurde er bei einem professionellen Gespannfahrer in zehn Stunden zweispännig eingefahren.

Island Spotlight und Regina haben sich zueinander geträumt. Foto: Archiv Kröncke

Im September 1997 war er etwa vier Monate unter dem Sattel, aber eben nur zweimal wöchentlich, und wurde viereinhalbjährig zum Kauf angeboten, da er recht eigenwillig war und buckelte. Somit wollte die ältere Dame ihn zu Recht nicht behalten, da sie wegen eines Rückenproblems nur noch ruhige Ausritte im Schritt und entspannte Kutschfahrten unternehmen wollte.

Regina suchte zu der Zeit ein für die Hohe Schule und zirzensische Arbeit begabtes Pferd um die 1,50 - 1,55 m Maß. Sie begutachtete Island Spotlight freilaufend und an der Longe, wo er ihr nicht so gut gefiel. Im Trab schaufelte er mit der Hinterhand eher etwas zu viel nach hinten heraus; im Galopp fiel er auch öfter in den Kreuzgalopp. Dann ritt der Bereiter ihn vor und Regina ritt ihn selber nach. Island Spotlight buckelte dabei kein bißchen und gefiel insgesamt recht gut. Schon zu dem

Zeitpunkt wirkte auf Regina jedoch befremdlich, daß Spotti sich schon sehr stark auf die konventionell-englische Reitweise eingerichtet hatte. Er erwartete förmlich, daß er mit untergeschobenem Becken und festgestellten Händen an den Zügel getrieben wurde, ansonsten wußte er schon vierjährig mit dem Reiter und dem Reiten überhaupt nichts anzufangen und blieb eher einfach stehen, wenn man nicht nachhaltig reiterlich auf ihn einwirkte. Regina war Absolventin der Ausbildungskurse „Feldenkrais und Reiten". Sie hatte Gesäß, Herz und Hirn gut geschult und hatte sich mit ihrem ersten Pferd Torro langjährig zusammenraufen müssen. Probleme wollte sie sich, zumal für gar nicht wenig Geld – nicht unbedingt als Vorleistung einkaufen. Sie wußte, daß mit dem Ankauf eines vierjährigen sowieso spätreifen Pferdetyps Geduld und Ausbildungskosten noch genügend strapaziert würden.

Es bestand ein diffuses Verkaufsrecht gegenüber einem Dritten. Man ging freundschaftlich auseinander. Regina rief mich an und erzählte von der Chance, dieses Pferd auszuprobieren. Daß es ihr irgendwie gefallen habe und andererseits auch nicht. Daß sie nicht traurig sei, daß es ein anderer gekauft habe. Obwohl es wirklich ein stolzes Pferd wäre mit wunderschöner Fellzeichnung und großen Gängen. Vier Wochen später war Island Spotlight Reginas Pferd. Sie hatte von ihm geträumt, daß er ihr Pferd sei. Bei seinem Besitzer angerufen. Siehe da! Er war zurückgegeben worden. Beherzt griff Regina zu und kaufte ihn. Das war mutig, denn ab jetzt hing sie am Haken. Sie hatte sich schließlich vorgenommen, nur ein einziges zweites Pferd zu kaufen, und es sollte gut genug sein und im Guten mit ihr alt werden. Regina hat selber noch keine Kinder und nimmt sich daher nebenberuflich viel Zeit für das Reiten. Herumstehen sollte der Neue (und ebenso Torro) also auf keinen Fall, sondern kontinuierlich den Weg gehobener Ausbildung beschreiten bis hin zu höheren Weihen wie Piaffe, Passage, Travers, Fliegender Wechsel. Gleichzeitig gibt es durchaus den Anspruch, gemütlich per Pferd durch die Reben zu bummeln oder an Spaßturnieren (Rallyes und ähnlichem) teilzunehmen, ohne sich und andere zu gefährden.

All diese Ansprüche an ein Pferd sind legitim, aber nicht gering. Die längste Strecke der Ausbildung selber zu schaffen, nur mit Rat und Tat zwei- bis viermal jährlich aus Kursen, ist eine hohe Anforderung an Humor, Diszi-plin, Lernwilligkeit und Lernbereitschaft für Regina. Sie hat ihre Pferde im Offenstall hinter dem Haus und muß sie gemeinsam mit Frank vor und nach der Arbeit selber versorgen. Es gibt eine Reitbahn, Koppeln und sehr schönes Ausreitgelände. Jedoch müssen Frank und Regina die Pferde zur Halle fahren. Es wäre also einfacher gewesen für Regina, sich ein sechsjähriges E-fertiges Pferd zu kaufen – geträumt aber hat sie von Spotti und so zog dieser wenige Wochen nach der ersten Kontaktaufnahme ein und besetzte die Rolle des aufstrebenden Nachwuchstalentes unter den Oldtimern Torro und Flips.

Alsbald schickte Regina mir ein Video zwecks Beurteilung und Beratung. Spotti am

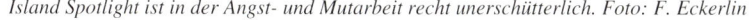

Island Spotlight ist in der Angst- und Mutarbeit recht unerschütterlich. Foto: F. Eckerlin

Einen Geschicklichkeitswettbewerb meistert Spotti gelassen. Foto: F. Eckerlin

zuhören und war in Gedanken immer schon ganz woanders. Die kreisende sanfte Berührung mit dem Tellington-Touch am ganzen Körper fand er völlig unbrauchbar. Auf nichts konnte er sich konzentrieren. Sobald er jedoch auf den Platz kam und sich freilaufend oder an der Longe bewegen sollte, war er eher faul und triebig. Er hatte und hat oft noch Schlauchgeräusche beim Traben, atmete oft sehr flach und prustete kaum ab. Die anderen Pferde im Offenstall fand er sehr interessant. Er schien etwas weltfremd und sehr erstaunt, daß es noch mehr Pferde auf der Welt gab. Dennoch war er ein großer Casanova in Richtung der Stuten. Alle wurden seinethalben alsbald rossig. In der Gruppe belegte er als Neuankömmling einen beachtlichen dritten Rang.

Wenn Regina Island Spotlight heutzutage reitet, läßt sie ihn fast immer vorher freilaufen oder longiert ihn ab. Er sollte die Chance kriegen, sich besser zu lösen. Danach reitet sie mit langem Zügel in die Dehnungshaltung vorwärts/abwärts, so gut es eben geht, da Spotti eher anbietet, sich aufzurollen. Am Anfang lief Spotti gar nicht los, wenn der Zügel nicht aufgenommen war. Ließ man die Zügel etwas aus der Hand kauen, hielt er aus dem vollen Trab einfach an. Lobte man ihn beim Traben oder Galoppieren - hielt er genauso einfach an. Offensichtlich konnte er ohne Zügel mit Reiter obendrauf gar nicht richtig loslaufen und wurde nur beim Halten gelobt. Oft wendet Island Spotlight manchmal einfach irgendwohin ab, vor allem beim Spazierenreiten im Gelände. Er verläßt die Reitbahn mit Reiter und aller Protest nützt fast nichts.

Buckeln tat er eher selten. Besondere Aufregung merkte man ihm schon am Putzplatz an. Wenn er dann freilaufen durfte, wurde er beim

ersten Tag, nach einigen Wochen, am Putzplatz, an der Longe und unter dem Reiter. So gewann ich den ersten Eindruck und konnte bis zum nächsten Kurstermin schon mal aus der Ferne helfen.

Zunächst war Island Spotlight innerlich sehr aufgeregt. Er zupfte und nuckelte an allem herum, konnte nicht stillstehen, hampelte auf dem Putzplatz herum, riß den Kopf hoch und guckte in die Gegend, wollte nicht

Reiten nicht so schwierig. Im Gelände legt Island Spotlight manchmal aus dem gemütlichen Schritt oder Trab unglaubliche Blitzstarts im Galopp hin, etwa 100 m weit. Anfangs wollte er auch das Begleitpferd während des Reitens in den Hals oder gar in den Hinterschenkel beißen und zum Lostollen auffordern. Auch auf der Koppel schießt Spotti manchmal aus heiterem Himmel los oder er springt richtige Kapriolen.

Zwei Monate nach seiner Ankunft wurde Island Spotlight auf das Barhuflaufen umgestellt nach Dr. Strasser, die Hufeisen also dauerhaft abgemacht. Er hatte etwa acht Wochen lang erhebliche Umstellungsprobleme und war ziemlich schlecht zu Fuß. Regina machte viel Bodenarbeit mit ihm, Geschicklichkeits- und Gefahrentraining. Dabei langweilte er sich allerdings schnell. Wenn ihm etwas nicht paßte, es zum Beispiel regnete oder der Stallgefährte an der Reitbahn vorbeilief, ohne daß er mitdurfte, stieg er – freundlich zwar und mit nett einbehaltenen Vorderhufen. Oder er riß sich los und galoppierte fröhlich bockend davon, um sich in der nächsten Runde auffordernd vor einen hinzustellen, sich einfangen zu lassen, um sich dann wieder fröhlich davonzumachen.

Nach drei Monaten, als die Hufe gerade wieder in Ordnung waren, bekam Island Spotlight eine sehr akute und schmerzhafte Venenentzündung am Hals. Er durfte sich nur wenig bewegen, da die Gefahr einer Lungenembolie bestand. Er blieb aber im Offenstall und bekam jeden Tag seine Halswickel und Salbenkuren. Es stellte sich heraus, daß er eine chronische Leberentzündung hatte, die gleich mitbehandelt wurde.

Sechs Monate nach seiner Ankunft beginnt Regina mit dem konzentrierten Training, das sie folgendermaßen darstellt: „Island Spotlight wird an sechs bis sieben Tagen in der Woche bewegt. Ein- bis zweimal in der Reitbahn oder Halle, ein- bis zweimal im Gelände (nur mit anderen Pferden), einmal Longe oder Doppellonge, einmal Freilaufen oder Freispringen."

Als Hauptproblem fällt Regina dabei auf, daß er flach atmet und sich innerlich festhält. Im Sommer darauf hatte Island Spotlight seine

Eine Barockkür im Pas de Deux durchläuft Spotti artig, jedoch noch verhalten. Foto: Archiv Kröncke

Island Spotlight braucht noch viel Arbeit nach vorne auf freiem Feld, um seine Bedenken aufzugeben. Er sollte dabei von einem Coach begleitet sein. Foto: Archiv v. d. Sode

sich rege bewegt oder sogar herumkaspert. Wenn er zum Beispiel mit der Gerte zum seitlichen Übertreten veranlaßt wird, springt er mit Anlauf in die Haltung vom Kompliment. Durch seine schlaffe, in positivem Sinne lockere Muskulatur ist er jedoch selber verunsichert, hat Gertenangst, Leistungsangst, Versagensangst. Als Ausweichmanöver verhält er sich gleich fahrig und unkonzentriert. Reißt er sich zusammen für eine positive Mitarbeit, hält er sich in der Atmung fest. Gleichzeitig hält Island Spotlight das kulturelle Erbe des kaiserlich-barocken Pferdes in sich, ist im Auftritt bestimmend und souverän, beweglich und gewandt. Er braucht Vorgabe, Rahmung und Grenzen. Kulturell gesehen ist es sehr hilfreich für ihn, von einer Grenzen und Anstrengung vorlegenden Ausbildung her zur Selbsthaltung zu kommen. Man bedenke, wie anstrengend Handarbeit und Arbeit in den Pilaren für die Pferde der klassisch spanischen Schule sind.

Was also rate ich Regina zu tun?
Er hat ein sehr athletisches Kulturerbe und eine zwar lockere, jedoch eher zu niedrige Grundspannung. Er ist ohne große Aufmerksamkeit konventionell angeritten und hat daher Angstspannung entwickelt. Doch ein Problempferd – aber ein hochbegabtes.

Weiter so, Regina – laß ihn (den Island Spotlight) seinen Körper spüren über den Einsatz von Körperseilen und zirzensischen Übungen. Achte auf die Gelassenheit seiner Atmung. Setze Grenzen mit Nachdruck. Sammle dich dabei zu Gelassenheit und Wärme, während du das Training forcierst. Delegiere ab und zu an einen stärkeren Reiter, zum Beispiel auf dem Feld oder im Gelände.

Du hast gut geträumt. Das war ein wunderbarer Kauf. Ihr werdet noch viel Freude haben.

ersten öffentlichen Auftritte. Er machte einen Spieletag mit und nahm an einer Reitpferdeprüfung teil sowie an einem Schaureiterwettbewerb. Bei allen drei Anlässen war er sehr aufgeregt. Er verhielt sich danach artig und machte alles mit.

Ich selber lernte Island Spotlight, außer über das Video, an einigen Mehrtageskursen für Feldenkrais und Reiten kennen. Ich mag ihn sehr. Er ist ein offensichtlich hochbegabter Athlet von seinen Anlagen und Möglichkeiten her. Er hat den superlockeren Körper, der ihn befähigt, sich elegant und vielseitig einzusetzen. Er macht gleichzeitig auf mich einen untertonisierten Eindruck. Wie beim Menschen auch, bei hyperaktiven Kindern ist das so, kommt er zum Spüren seines eigenen Körpers für angemessene Haltung und Handlung nur, wenn er

MAR Y CIELO XX

– DAS MEER UND DER HIMMEL VEREINIGEN SICH

Da kamen sie also zum Ausbildungskursus Feldenkrais und Reiten: Cecilie aus Oslo in Norwegen und ihr wunderbarer brauner vierjähriger Vollbluthengst Mar y Cielo, genannt Cielito.

Vorher rief sie an: „Ich würde gerne etwas Neues lernen und den Ausbildungskursus Feldenkrais und Reiten mitmachen. Und bitte beurteile meinen Hengst Mar y Cielo. Er soll nur im Schritt geritten werden, da er vor einigen Wochen geringfügig lahm war. Hat es Zweck, ihn mitzubringen?"

Mar y Cielo und Cecilie waren auf ihrer Reise zurück von einem bekannten Dressurstall in Aachen hin zum heimatlichen Rennstall nach Oslo. So lag der Hamburger Kursort recht nah beim Heimweg des Pferdes. Ich verabredete also mit Cecilie, daß sie 'Cielito' in jedem Fall zur Beurteilung mitbrachte. Notfalls sollte dann ein anderes Schulpferd ihr Kurspferd sein, wenn die Belastung von täglich eineinhalb Stunden Reiten zu viel wäre für das Pferd. Nachts um drei kamen die beiden an. Mar y Cielo bezog gesittet seine Kurseckbox neben einem Wallach und Cecilie ihre Privatunterkunft bei Freunden. Drei Tage lang wurde Cielito von Cecilie im Schritt ins Gelände geritten. Zusätzlich verbrachte er einige Stunden des Tages artig in seinem 2,20 m hoch eingezäunten Longierzirkel, der abseits lag. Den Rest der Zeit stand er friedlich im Stall in seiner Box. Nach drei Tagen ließ ich Mar y Cielo freilaufen in einer kleinen Reithalle von 10 x 20 m. Es war offensichtlich, daß er nicht lahmte, obwohl er eine halbe Stunde einherlief – auch im Trab und Galopp. Zusätzlich zeigte sich, daß er einen sehr aufwendigen Beschlag hatte, der ihn zudem zwang, sich im Fesselbein und Kronbein zu

Ein Rennpferd ist geboren. Foto: C. Reese

mit seinen 1,72 m Stockmaß recht groß und vor allem sehr langbeinig war.

Bis zu diesem Zeitpunkt vertraute die Rennstallbesitzerin Cecilie aus Oslo mir schon genügend. Sie begann, Standpunkte, Sichtweisen und Ausgangspunkte des „neuen Weges" nach Moshe Feldenkrais zu erahnen und an meiner Vorgehensweise zwischen ihr, mir und dem Hengst zu erfahren. Es war also bis hierher mehr ein Sein als ein Tun – ein bestimmtes Klima der Verständigung. Die Eckinformationen – der zu bearbeitende Weg – stellten sich nach dieser ersten Begutachtung wie folgt dar:

- Füße zum Boden für eine bessere Erdung.
- Erziehung zum Manierlichsein in viel mehr verschiedenen Situationen, wie zum Beispiel Führen über den Hof des Reitstalls, wobei Cielito kräftig schaumillerte, was für den/die Führende(n) immer sehr unpraktisch ist und zu Gezänke und Geschrei führt.
- Bewegungsauslastung des Pferdes - weg also vom Schrittreiten hin zu normaler Bewegung mit dem Ziel zu erfahren, ab wann eine Verschlechterung seines Zustandes oder eine Entwicklung zur Lahmheit augenfällig wird.
- Erhöhung der Wertigkeit und des Selbstbildes von Mar y Cielo über die Erhöhung seines Körpergefühles per Berührung, Arbeit mit Körperseilen etc. Im heutigen Stand des vierjährigen Pferdes war er in dem Bereich zu unüberlegt abweisend und auch spontan zu frech im Umgang.
- Sensibilisierung und gleichzeitig Stärkung der Besitzerin Cecilie.

verdrehen. Im Verhalten war Mar y Cielo deutlich unbewußt hengstig und frech. Er kam wiederholt auf mich zugelaufen, blieb dann stehen und wirbelte seine Vorderbeine herum. Danach machte er eine halbe Drehung, woraus entweder ein Bocksprung folgte oder im Ansatz ein Auskeilen. Sein Gesichts- und Augenausdruck war dabei etwas unklar und umflort. Es war also ratsam, im Umgang mit Mar y Cielo bei der Freiarbeit eine Longierpeitsche bereitzuhalten. Dabei war er gleichzeitig in den ihm bekannten Vollzügen stockartig, zum Beispiel beim Einfangen, Trensen und Satteln, Aufsitzen oder Putzen. Seine Unflätigkeiten in der Reithalle waren mehr Aktionismus aus dem unerzogenen Flegelalter des vierjährigen Hengstes und auch Handlungen aus dem Unterbewußtsein, aus dem heraus er sich im weiteren Kursverlauf ängstlich und aggressiv zeigte. Dadurch war er insgesamt für uns „Weiber" im Umgang nicht ganz einfach, besonders, da er

Sie machte sich stark und rauh im Umgang mit dem Hengst bei gleichzeitiger Akzeptanz seiner schlechten Manieren als hengsttypisch.

Wenn wir jedoch im Verlaufe der aufdeckenden Trainingseinheiten herausgefunden haben, daß die Grundlage seiner Zappeligkeit und Abwehr mit dem Vorderhuf ein latentes Angstgefühl ist, schwächen ein rauher Ton und starker körperlicher Einsatz im Umgang das Selbstvertrauen des Pferdes mehr, als für eine konstruktive Zusammenarbeit beim Reiten gut ist. Gleichzeitig durchlief Cecilie im Laufe des Ausbildungskurses eine Wahrnehmungsschulung. Bis dahin hatte sie Mar y Cielo als wild, feurig und schön eingeschätzt. Seine hengstigen Auftritte nahm sie als unvermeidbar hin. Außerdem war sie recht traurig, daß bei der Auswertung der zur Lahmheit erstellten Röntgenbilder eine Hufschalenentzündung diagnostiziert wurde. Jetzt fuhr sie mit den Röntgenbildern im Kofferraum spazieren und fühlte richtig, wie krank ihr Pferd war. Aus dem Feldenkraisansatz heraus denken wir anders. Alles ist veränderbar. Es dauert sehr lange, bis aus einer Störung eine chronische Schwäche geworden ist. Das gilt auch für Arthrosen. Aus Erfahrung vertrauen wir auf unsere Methoden, und erst am Ende der Reihe angekommen, verzagen wir, wenn keine Verbesserung der Gesamtbalance erreicht wurde. Doch zuerst kann man in Teilschritten lernen, den Gesamtaufbau des Organismus und seinen Selbsteinsatz neu zu bewerten.

Erst als Mar y Cielo in der Schwemme stand, ließ er sich am Körper berühren. Foto: M. Mizelli

85

Mar y Cielo wird an Berghängen trainiert, um seinen Rücken zu stärken. Foto: C. Reese

auf die Selbsthaltung in der Halswirbelsäule. Verspannung, Schiefe und Verrenkung in diesem Bereich ergeben immer eine Energieblockade in anderen Körperteilen. Sie beeinträchtigen zum Beispiel die Sehkraft oder den geschmeidigen Einsatz vom Hüftgelenk oder den Füßen. Dabei ist es relativ leicht zu erlernen, den Hals frei zu längen beim Menschen und beim Pferd. Nur will erst einmal die Relevanz erkannt sein. Stellen Sie sich vor, wie ein Pferd beim Grasen Schritt für Schritt vorangeht und bei jedem Schritt seinen Hals neu lang machen muß. Auch für den Menschen in seinem Schreiten gilt diese ursprüngliche Gesetzmäßigkeit des Gehens, indem er gleichzeitig frei im Hals losgelassen länger wird. In der Realität bringen Verschlossenheit, Verbissenheit und Trauer uns häufig dazu, den Hals zu verkürzen und festzustellen. Genauso geht es den Pferden. Das ist unbequem und ungesund und führt außerdem zum Verschleiß.

Wir achten – auch bei der Beurteilung eines Pferdes – auf den freien, lustvollen Gebrauch im Becken. Auf die Entfaltung von Kraft auf der Basis von Losgelassenheit. Und – wie Sie es aus anderen Kapiteln schon wissen, wir als Feldenkraislehrer achten elementar auf die Atmung, auf Bewegungsabläufe, die im Kontakt mit freiem emotional und körperlich ungehindertem Atemfluß stehen.

Mar y Cielo XX ist ein Pferd, das auf den ersten Blick imponiert. Groß und schön, hengstig und gewaltig, auch bewegungsstark. Seine Galoppsprünge lassen die 60 m Bahn wie einen Sandkasten erscheinen. Wenn er steigt oder buckelt und bockt, dann kommen wahrhaftig ... Meer und Himmel zusammen.

Der Kniff aus der Feldenkraismethode hierfür ist, sich nur einerseits beeindrucken zu las-

Man schaut zum Beispiel, ob die rechte und die linke Körperhälfte einen symmetrischen Eindruck machen und sich gleichermaßen wach, aber dennoch losgelassen zueinander verhalten. Wir achten darauf, ob beim Zweibeiner zwei und beim Vierbeiner vier Füße gleichmäßig und angemessen den Kontakt zum Boden aufnehmen, damit keine einseitige Überlastung geschieht und von der Erdung ausgehend keine Impulse der Schiefe in den Körper gelangen. Wir achten darauf, was Augenhaltung und Augenausdruck über den innerseelischen Zustand des Pferdes verraten, auch im Erleben von Schmerz und Trauer und anderem. Aus Erfahrung wissen wir, daß auch dieser Ausdruck veränderbar ist. Wir achten

sen. Wir wollen dem Pferd sein „Special", seine Spezialität ja nicht nehmen. Andererseits gilt es, aus der Methodenreihe sachlich und genau hinzusehen und Psyche und Anatomie des Gegenübers in Einzelschritten für sich zu ordnen. Dabei sollten wir uns keinesfalls zur Abwertung oder auch nur zur Bewertung von Schwächen hinreißen lassen. Das wäre unprofessionell und methodisch falsch und dazu unfreundlich – im Sinne der Menschlichkeit inhuman. Vielmehr gilt es, Fehlerquellen zu entdecken und Energiestörungen für die Gesamtbalance, beim Reitkursus zwischen Pferd und Reiter und nur auf deren Nachfrage. Alle Vorgehensweise sollte – allerdings meist auf einem längeren Weg von Wochen und Jahren – spürbar von Anfang an hinführen zu einem Lächeln und Lachen und der Freude an einer lustvollen Zusammenarbeit und Weiterarbeit in Anatomie.

Mar y Cielo wurde von Cecilie der Ausbildungsgruppe „Feldkrais und Reiten" vorgestellt. Er ist ein Vollblut englischer Abstammung väterlicherseits von Krius-Shirly Heights und mütterlicherseits aus der Musical Cross von Music Boy. Er ist im Juni 1994 geboren, derzeit also fünf Jahre alt. Als Jährling lief er einen Sommer lang mit jungen Hengsten und wurde dann für den Auktionsverkauf vorbereitet. Dort wurde er nicht verkauft und kam im Oktober 1995 nach Hause zurück.

Erst eineinhalbjährig, wurde er, wie bei den Rennpferden üblich, eingeritten und den ganzen Winter geritten. Er machte dabei alles richtig und verhielt sich immer sehr nett.

Im Frühling 1996, Mar y Cielo war fast zwei Jahre alt, wurde er im Heimtraining auf die Rennbahn vorbereitet. Das bedeutet länge-

Den Hals absenken, ohne das Gleichgewicht zu verlieren. Mar y Cielo ist jetzt zur Zusammenarbeit bereit. Foto: M. Dostall

re Ausritte hoch in die Berge oder Hängerfahrten zur Rennbahn für die leichte und schnelle Galopparbeit. Schon während ich dieses schreibe, spüre ich in mir das Bedauern über die sehr frühe, sehr extensive Belastung der Pferde zur Verwendung im Rennsport. Diese „Kinderarbeit" führt zu hohen Verlusten und Ausfällen, natürlich auch zu einer Selektion der Besten und Widerstandsfähigsten.

Ich bin gleichzeitig eine große Verehrerin des Turfs mit seinen Kontakten und seiner Atmosphäre, insbesondere der Möglichkeit des Heimtrainierens der Pferde aus dem eigenen Zuchtstall. Wäre ich eine „Scheichin", wäre ich sicher im Rennsport engagiert und das Vollblutpferd steht mir wesenhaft von allen Pferden am nächsten. Ich wünsche mir nur eine kleine Vertagung der Leistungsanforderungen an die Rennpferde von zwei bis drei Jahren. So sollen auch sie dreijährig zugeritten werden und dann erst laufen. Die Entfaltung der Lungenkraft, der Muskulatur und der Kraft des Herzschlages sollte in der Jugend der Rennpferde auf andere intelligente Weise und ohne Reitergewicht gefördert werden. Ich stelle mir dabei ein Treiben der Jungpferde vor über Berge und durch Seen oder am Meeresstrand entlang. Kontakt und Training könnten zudem darin bestehen, die jungen Pferde Wahrnehmungsschulung durchlaufen zu lassen. Berührung, Beingymnastik, Wirbelsäulenarbeit und Stangenkoordination zu bewälti-

gen, würde ebenso dazugehören wie das Trainieren von Vertrauen und Risikobereitschaft in der Angst- und Mutschule.

In der Realität gibt es solche Anwendungen schon, jedoch erst, wenn hochbegabte und ganz berühmte Rennpferde kollabieren. Sie werden dann zu neuem Einsatz aufgebaut, weil es „sich lohnt".

Ich wünsche mir natürlich den Gehalt meines Wissens aus der Feldenkraismethode in die Trainerschaft und an die Eigentümer dieser so außerordentlich herrlichen Pferde. Wenn in der Aufzucht und trainingsbegleitenden Körper- und Raumwahrnehmung bewußt gearbeitet würde, wären die Erfolge höher und der Verlust durch den Ausfall geschädigter Pferde geringer.

Mar y Cielos Entwicklung nahm ihren eigenen Verlauf. Er wuchs zweijährig gigantisch hoch und mußte aus dem Galoppertraining herausgenommen werden. Er kam in leichte Ausreit- und Bahnarbeit. Er zog sich im Wald eine leichte Verletzung zu, die in sechs Wochen ausheilte. Für die Wiederaufnahme des Rennbahntrainings war es dann jedoch zu spät. Am letzten Tag des Jahres 1996 lag der zweieinhalbjährige Cielito in seiner Box fest und war am nächsten Tag richtig lahm. Es stellte sich heraus, daß die Sehne über dem rechten Sprunggelenk lädiert war. Bis zu diesem Tag war Cielito jeden Tag mit den anderen Pferden auf der Weide. Jetzt durfte er nur noch Schritt gehen. Nach einem Monat Schritt reiten wurde Cielito so frech und knackig, daß er auf die Rennbahn zu Cecilies Onkel und Tante gegeben wurde. Dort sollte er an der Führmaschine arbeiten. Nach zwei Monaten begannen sie mit der Trabarbeit. Nach sechs Monaten ging es ihm viel besser, aber lahm

Als Mar y Cielo sich beruhigt hat, kann man sein müdes Auge sehen und die Wulste auf der Stirn. Foto: M. Dostall

Erhöhung des Balancegefühles in der Wendung über Körperseile. Foto: M. Dostall

war er noch immer. Ein Tierarzt diagnostizierte: „Ein hoffnungsloser Fall!" Ein anderer Tierarzt empfahl, ihn für den Sommer auf die Weide zu tun. So kam Mar y Cielo wieder auf die Weide und nach vier Monaten war er stabil lahmfrei. Wieder fing Cecilie an, ihn auszureiten, rauf in die Berge und Wälder und auf den Schotterstraßen. Im Herbst 1997 machte Cielito eine erneute dreimonatige Zwangspause. Diesmal war der Grund Cecilies Abreise nach England. So stand er bis Weihnachten mit Wallachen auf der Weide. Im Januar 1998 nahm Cecilie dann das jetzt dreieinhalbjährige Pferd mit in den Dressurstall nach Aachen, wo sie als „skandinavische Pfer-

depflegerin" eine feste Anstellung hatte. Als sie anfing, in der Dressurhalle das reiterliche Training wieder aufzunehmen, bekam sie einen Riesenschreck. Cielito hatte seine Balance total verändert. Er fühlte sich reiterlich überhaupt nicht mehr an wie dasselbe Pferd vor vier Monaten. Er rannte auf der Vorhand herum und hatte offensichtlich Gleichgewichtsprobleme. Er war jetzt nicht lahm, konnte seine Extremitäten jedoch kaum koordinieren. Nach verschiedenen Versuchen, das Training anzupassen und die Situation zu verändern, kam er zum Tierarzt. Dieser beschloß aufgrund der Röntenbilder, daß arthrostische Veränderungen und Entzündungen an der

Mar y Cielo – ein sehr eigenes Gesicht.
Foto: M. Dostall

Hufschale zu sehen seien. Das Pferd sei wiederum nur im Schritt zu reiten, damit sich die Störungen verwüchsen und nicht ausuferten.

Und so kamen sie dann angereist auf meinen Dreiwochenkursus in den Norden Deutschlands. Wir beschlossen, Mar y Cielo in die normale Arbeit zu nehmen, bis sich etwaig herausstellte, ob er sich punktionell überlastet

und nach welchem Trainingsabschnitt Müdigkeits- und Verschleißerscheinungen auftauchen. Und so bekam Mar y Cielo körperliche Anwendungen nach der Feldenkraismethode und den TTEAM-Methoden nach Linda Tellington-Jones. Vielmehr wollte ich körperlich anwenden, denn Cielito wies jede Berührung, die ihn in seinen Körper hineinfühlen ließ, massiv ab. Dafür stieg er vehement und haute mit den Vorderbeinen. Auch der Versuch, mit ihm kreisende und sanft schwingende Bewegungen mit seinen Beinen zu machen, schlug fehl. Während er beim Hufeauskratzen ganz artig war, ging jeder Versuch, ihm Körpergefühl über Berührung zu vermitteln, daneben. „Er hat Angst vor dem Fallen," erklärte ich den Kursteilnehmern, die allesamt in respektvoller Entfernung zuschauten, wie Mar y Cielo und ich miteinander rangen. Er eindeutig der Sieger, ich jedoch immer noch im Plot. Berührungen, die sein Nervensystem herunterschrauben, lassen gleichzeitig die Hochspannung ab, mit der er sich hält. Einen neuen Halt über Sammlung und Erdung glaubt er nicht finden zu können, da er diese Situation und ihre ureigene Kraft noch nicht kennt. Da er festgehalten wird und nicht weglaufen kann, ist seine vorbeugende Reaktion Steigen und Schlagen mit dem Vorderhuf.

Cecilie war sehr bewegt. Folgende Geschichte fiel ihr ein: Als Cielito geboren wurde, konnte er nach der Geburt gar nicht aufstehen beziehungsweise nur auf den Zehenspitzen stehen. Dadurch wurde er zum Trinken auf den Beinen gehalten und mit Krankengymnastik trainiert. Nach einigen Wochen hatten sich die Sehnen angepaßt und er lernte, normal zu laufen. Jedoch ist es sehr wahrscheinlich, daß Mar y Cielos Panik vor dem Fallen und seine tiefe

Angst vor sensiblen Berührungen schon aus der Zeit herstammen. Sein unvollkommenes Selbstbild und seine mangelnde Raumwahrnehmung haben dann auch wesentlich zu allen vorher beschriebenen Folgeunfällen geführt. Es war so gut wie unmöglich, für die Körperarbeit an Mar y Cielo heranzukommen. Deshalb beschloß ich, ihn in die Schwemme zu stellen und dort mit den Anwendungen zu beginnen. Das klappte wunderbar. Wie auf den Fotos zu sehen ist, konnte ich auf einer höheren Ebene stehenbleiben und Mar y Cielos Lust zu steigen und auszuhauen wurde durch das bauchtiefe Wasser erheblich ausgebremst. So konnte er die Freude und Annehmbarkeit tiefer angenehmer Berührungserfahrung zweimal täglich aushalten und seinen Körper aus den engen Fesseln der Berührungsintoleranz befreien.

Das Ergebnis zeigte sich beim Reiten. Zusehends wurde er beim Reiten am langen Zügel im Schritt, Trab und Galopp knackiger, frischer und auch unberechenbarer. Von Lahmheit keine Spur. Statt dessen erhöhter Raumgriff, verbesserte Elastizität, größerer Ausdruck von Lebensfreude bei gleichzeitig verminderter Selbstkontrolle.

Eines Tages begab er sich aus nichtigem Anlaß in turm- und hausdachhohe Bocksprünge. Wir waren sehr, sehr beeindruckt. Wollte hier das Meer den Himmel berühren? Mar y Cielo? Cecilie flog in hohem Bogen durch die Luft und landete dennoch auf den Füßen, was ihr einen echten Applaus einbrachte. Die Filmerin behauptete, sie habe alles gefilmt. Es stellte sich dann heraus, daß sie vor Aufregung verrissen hatte. Cecilie murmelte irgendetwas wie: „Kastrieren" – auf englisch oder norwegisch. Die meterhohen Bocksprünge waren

natürlich ein Schritt in die richtige Richtung, weil der Körper sich durch neue Gefühle von seinen alten Zwängen befreit. Dennoch versuchen wir den Pferden zu ermöglichen, diese Ausbrüche in den Zeitpunkt zu verlegen, wo ohne Reiter trainiert wird.

Allmählich wurde Mar y Cielo reiterlich aufgebaut und umgerüstet. Er bekam das Rollerbit mit zwei Zügeln für eine neue Rundung in der Oberlinie und entsprechend Freiheit in den Gelenken der Hinterhand. Nachdem wir uns allmählich darauf verließen, daß er nicht alsbald wieder lahm sein würde, begannen wir achtsam mit der Biegearbeit auf größeren und kleineren Kreislinien. Hierbei war auffällig, daß Mar y Cielo im Zusammenspiel der Streck- und Beugemuskulatur wirklich ungeübt war. Er richtete sich jedoch im Verlaufe der drei Wochen mehr und mehr ein. Große Schwierigkeiten bereitete ihm das Erlernen der Höhentiefenabschätzung über den ausgelegten Rhythmusstangen. Er klomperte immer mit den Füßen dagegen, ohne sich eines Fehlers bewußt zu sein und sich zu korrigieren. Zunächst konnten wir ihm wenig helfen, sein Körpergefühl in den Beinen zu erhöhen, da er bei den körperlichen Anwendungen ja bis zum Bauch im Wasser stehen mußte. Wir waren sehr zufrieden mit Cielitos reiterlicher Entwicklung, und auch den Fremdreitertest unter Walter absolvierte er gutartig, gehorsam und gelassen (Walter ebenso!). Cecilies reiterliche Techniken wurden differenziert und verfeinert. Mit zunehmender Losgelassenheit des Pferdes konnte sie ihren Sitz öffnen und tiefer und gelassener einwirken. Als Haupteffekt spürte sie auch emotional, wie gut ein dosiertes, in der Spannung abgestimmtes Reiten ihr bekommt.

Bei der Hufbeurteilung mußten wir feststellen, daß Cielito in Aachen einen grauenvollen Beschlag mitbekommen hatte, der auch deutlich vom Beschlag abwich, den er in Norwegen all die Jahre vorher hatte. Wenn ein Pferd im Alter zwischen zwei und vier Jahren schon zwei Jahre lang mit Eisen an den Hufen leben und trainieren muß, ist äußerste Achtsamkeit in der Anpassung derselben gefragt. Die Hufwände und Trachten waren unterschiedlich schief, umgelegt und eingezogen. Natürlich ist das eine enorme Belastung der Sehnen und Gelenke und führt unmittelbar zum Verschleiß.

Eine gut ausgebildete Hufpflegerin und ein berühmter Tierarzt bestätigten die Diagnose, der Beschlag sei ungut und falsch. Zudem entlastete der Tierarzt Cecilie von dem Druck, den sie durch den „Befund" auf den mitgeführten Röntgenbildern immer noch hatte. Er erklärte die „Schatten" auf den Bildern für unwesentlich und das Pferd auf dem Hintergrund von drei Wochen Belastbarkeit im Kursus als gesund und trainierbar. Empfohlen wurde, drei Monate die Eisen abzunehmen, die Hufe über häufiges Ausschneiden geradezurichten und einen leichten, ordentlichen Beschlag aufzunehmen. Da das Pferd in Norwegen auf Asphaltstraßen und in den Bergen nur auf hartem Boden trainiert wurde, schaffte er in der Zeit die Umstellung nicht, für immer ganz ohne Eisen weiterzulaufen.

Glücklich fuhren Cecilie und Mar y Cielo nach Hause. Sie hatten jetzt Zuversicht, Informationen und Ideen. Ich freue mich immer sehr über die skandinavischen jungen Frauen (so wie auch die Amerikanerinnen). Sie fahren über mehrere Tage zwölf Stunden täglich durch die Lande, alleine mit Hänger und ihren Hengsten oder anderen Turnierpferden, passieren dabei Fährtransporte, suchen Amtstierärzte und mehr. Immer flexibel, die Richtung zu ändern, den Zeitablauf oder auch den Lehrer. Das gefällt mir sehr gut.

Zu Hause angekommen war Mar y Cielo selig, wieder auf die Weide zu dürfen. Leider lieferte er sich eine Mordsschlägerei um den Rang und wurde wieder verletzt. Auch diese Verletzung heilte er aus.

Vielleicht wird er für seinen Seelenfrieden auf der Weide demnächst gelegt. Cielito arbeitet unter dem Sattel wunderbar mit Cecilie zusammen. „Wenn ich alles durchdacht und klug anlege," so schrieb Cecilie mir, „dann führt er es auch gut aus."

Die Erwartungen, die diese rennsportorientierte Züchterfamilie in Mar y Cielo gesetzt hat, sind in keiner Weise erfüllt worden und das war sicher für alle Beteiligten schmerzlich, auch für den Hengst selber. Doch Cecilies Treue, Verbundenheit und Arbeitseinsatz mit dem Pferd hat sich gelohnt.

Er ist ihr Lehrmeister geworden für das neue Wissen über Selbstgebrauch, Gleichgewicht und die Möglichkeit, andere Wege zu gehen. Viele Rennpferde in Norwegen haben jetzt eine viel größere Chance im Leistungssport, da Cecilie für sie da ist.

BIEN VENIDO

– WILLKOMMEN SEIN,
WILLKOMMEN HEISSEN,
ANKOMMEN MÖGEN

Bien Venido ist ein andalusischer Hengst. Susanne traf ihn beim Pferdehändler, wo sie für ihre Freundin ein Pferd aussuchen wollte. Eben einen andalusischen Hengst! Für sie selber kam so etwas derzeit gar nicht in Frage – kein Gedanke – drei Hektar Offenstallfläche mit Weiden, Ponys (weiblich), Esel, Schafe, das freche Shetty Benno. Dazwischen die Kinder. Nein danke – natürlich kein Hengst!

Hier war sie nun beim Pferdehändler. Auf einem heruntergekommenen Hof mit fensterlosen, völlig verbarrikadierten finsteren Boxen – da stand der Hengst, der aus der Sonne kam, seit sechs Wochen drin. Susanne blickte auf eine meterhohe Mistschicht und dann in seine Augen. Susanne selber beschrieb diesen ungewöhnlichen Augenblick so: „Wir öffneten die Tür, Licht fiel in die Dunkelheit auf das Pferd. Es hob seinen Kopf und hieß uns mit einem ruhigen Blick willkommen." Ja, das war es wohl, was dem Pferd seinen späteren Namen gab: Venido – Willkommen! Er hieß uns willkommen mit so einer gelassenen Freundlichkeit, als wäre er ein Freund, der zu uns sagt: „Wie schön, daß Ihr kommt! Es hat lange gedauert, aber jetzt seid Ihr ja da." Mit Leichtigkeit und Würde und ohne übermäßige Eile stieg Venido von seiner meterhohen Einstreu herab und folgte Susanne in den Auslauf. Diese fand für sich kein einziges Argument, das dafür sprach, Venido zu kaufen. Zudem wies die souveräne Haltung des Pferdes mit dem freundlichen gelassenen „Willkommen" jeden Gedanken an einen Mitleidskauf zurück. Trotzdem war alles längst entschieden. Denn Susanne spürte eine Botschaft, die so gelautet haben mag: „Laß uns doch ein Stück des Weges zusammen gehen. Du auf deiner Seite, ich auf meiner Seite. Ich werde

Venido mit seiner Weidegruppe: einem Hengstjährling, einem Shettywallach und Eseln.
Foto: Archiv Schar-Thoenies

das meine tun, daß wir uns verstehen...!"
Venido hat seine Botschaft, seine Versprechen, jeden Tag aufs neue eingelöst. Susanne auch, doch dafür mußte sie ziemlich organisieren – sich, ihr Zuhause, die Herde. Venido lebt jetzt auf seiner eigenen Wiese mit Offenstall zwischen Hengstfohlen, einem Shetty und Eselchen. Wenn er abends zu den Stuten in den Stall kommt, zeigt er mit stolzer Haltung und trompetendem Wiehern, daß er weiß: er ist der Herr der ganzen Herde, wenn auch durch Zäune getrennt. Susanne beschreibt Venido als „erwachsen" geworden. Das Auge mit der

etwas melancholischen Freundlichkeit ist heute voller Stolz. Doch seine Höflichkeit im Umgang mit den Menschen und seine Nachsicht gegenüber Susannes langsam wachsenden reiterlichen Fortschritten hat sich nicht verändert. Er ist ein guter Lehrer, denn er ist aufmerksam und gelassen. Venido mag die menschliche Nähe, doch liebt er es keinesfalls, mit Gefühlen überschwemmt zu werden. Er hält höflich Distanz und Susanne übt sich in Achtsamkeit – wie es etwa zu einem Wildtier hin normal wäre. Manchmal – in langen Regenwochen – kann Susanne Heimweh in

Venidos Augen erkennen. Dann geht sein Blick über unser winterliches Grau hinweg – wer weiß wohin? Susanne fallen dazu diese Worte ein:

... Warum bist - du - so ernst,
fragen seine Augen,
ich entbehre den Wüstensand
und die flirrende Weite,
die sonnendurchglühten Felsen meiner
wilden Jugend.
Und du ... nur einen Menschen ... ?

Die Geschichte von Susanne und Venido ist für mich vornehmlich eine Geschichte über Pferdekauf in Deutschland. Die Begegnung war zufällig, der Funke sprang über. Schwierigkeiten wurden wegorganisiert. Venido war gekauft. Dann erst setzte die Ratio ein: War er sein Geld wert? War er gesund und entwickelt? Wie war sein Ausbildungsstand? Ein Augenkontakt zwischen Susanne und dem Pferd Venido hatte genügt. Es war der richtige Zeitpunkt, zusammenzukommen. Das andere zählte nicht, weder für Venido noch für Susanne. Venidos Hufe waren eng und an einem Bein zum Bockhuf verstellt. Zum Zeitpunkt des Kaufes machte er auch einen in sich gekehrten, traurigen Eindruck. In seinem Körper war er etwas verhärmt und zurückgenommen. Sein Ausbildungsstand war gut mit Spanischem Schritt, Travers, fliegendem Wechsel, Schulterherein etc. Dennoch hatte (hat) er Gertenangst und auch an der Longe zeigte er, daß die stolze spanische Selbsthaltung nicht verinnerlicht war. Leicht hätte man einen anderen andalusischen Hengst kaufen können, kapitaler, stolzer und begabter. Doch diesem war Susanne begegnet. Offensichtlich

handelte es sich um eine wesenhafte, innere Begegnung in einem Zeitraum von Aufbruch, Ankommen, Willkommen heißen und geheißen werden. Reiteignung, Preis-Leistungsverhältnis oder sogar pragmatische Gesichtspunkte waren sekundär, die innere Zwiesprache zwischen Frau und Pferd der größere Zusammenhang. Doch war es ja kein Weg, der ins Chaos führte. Die Sprache ging über mental transformierte Botschaften und Poesie zwischen Susanne und Venido. Der Weg führte zu einer sehr selbstbewußten Frau und einem ausgelegten, entwickelten stolzen und sehr vorzeigbaren Spanischen Pferd.

Wie kann hier die Reitlehrerin begleiten? Oder die Beraterin beim Pferdekauf? Zurückhaltung ist wichtig und das Aufnehmen von Schwingungen. Übergenauigkeiten und Pedanterien sind fehl am Platze. Nicht: „Was willst du denn mit einem Hengst!" oder „Du

Venido und Susanne – ein wohlgemutes Team. Foto: Archiv Schar-Thoenies

95

kennst doch gar nicht seine Geschichte", sondern vielmehr „Ich habe euer ruhiges Zusammenkommen entstehen sehen" oder „Pack an, wenn das dein Weg ist."

Reiterlich war es für Susanne und Venido leicht, zusammen zu kommen. Sie hatte den 40tägigen Ausbildungskursus „Feldenkrais und Reiten" durchlaufen und sich dabei mit ihrem langjährigen Freizeitpferd Dicke zusammen auf eine Höhe, eine differenzierte Ebene der Reitkunst begeben. Dicke war eine Norweger/Arabermischung, eine Stute mit den entsprechenden Schwierigkeiten, die sich aus dieser Mischung häufig ergeben. Eher schief und eher stark die Vorhand bela-

stend als die Hinterhand zu sehr zu engagieren. Dabei aber eifrig. Sowieso war sie hochsympathisch und immer nett anzusehen. Der Ausbildungsstand war selbstgebacken auf dem A-Niveau. Susanne und Dicke haben in Bezug auf Sammlung zum Schwerpunkt hin (Zentrieren), Erdung und Aufrichtung zusammen viel gelernt. Doch Dicke war schon über 20 Jahre alt und Susanne auch recht groß gewachsen, um ein Kleinpferd in den Lektionen der Hohen Schule zu reiten. Nach dem Erlernen der Grundlagen in der Reitkunst und Pferdeausbildung sowie nach den persönlichen Entwicklungen, die in 40 Tagen im Hinblick auf Balance durchlaufen wurden,

Begegnung am Pferd. Foto: Archiv Schar-Thoenies

Bien Venido beim Spielen auf der Weide mit seinem Freund, dem Tinkerwallach Copperlin.
Foto: Archiv Schar-Thoenies

bekommen viele Absolventen der Abschlußkurse Lust auf ein neues Pferd, mit dem sie
weiterwachsen können.
Zur Zeit bekommt Susanne wöchentlich eine
Einzellehrstunde in der Feldenkraismethode
und danach eine Privatreitstunde auf Venido.

Unser Ziel ist, die sehr gute Form zu halten und auszubauen, sowohl emotional, in
der Reitkunst sowie in der Selbsthaltung,
im Management eines großen Hofes als
auch beim Musizieren an der keltischen
Harfe.

DIAMOND

– DER ROHDIAMANT

Diamond ist ein Kabardiner Wallach. Er wurde 1990 vermutlich in Rußland geboren. Ich lernte ihn 1997 und 1998 auf meinen Ausbildungskursen kennen. Und dazu einmal die Krankengymnastin und Ergotherapeutin Katja und im darauffolgenden Ausbildungskursus ihren Mann, den Erzieher Walter.

Diamond sieht klasse aus. Er ist pechschwarz und hat ein kornblumenblaues Auge. Sein Körperbau ist abgedreht und passend zu seinem trockenen, adeligen, dabei ungewöhnlich geformten Keilkopf. Er ist sehr lebhaft und hat dennoch Rhythmus. Seine Körperpartien passen gut zueinander. Obwohl er eine sehr starke Unterhalsmuskulatur hat, trägt er sich nach leiser Aufforderung über den balancierten Hals im Bewegungsablauf. Katja und Walter kauften ihn sechsjährig von einem Händler in Hessen. Er gefiel ihnen – und angeblich hatte er parallel eine Western- und eine englische Reitausbildung durchlaufen. Emotional wirkte er traurig und verlassen. Auffällig war, daß 60 Pferde auf der Weide standen und er alleine im Stall in seiner Box. Freilaufend erschien er ihnen dementsprechend extrem schief und steif. In der Reitbahn geritten wirkte er nicht mehr so plump. Katja und Walter mochten ihn also beide und kauften ihn. Beim Integrieren in der heimischen Herde zeigte sich, warum er nie mit den anderen auf der Weide war: Er war extrem aggressiv gegen andere Pferde, biß und schlug ständig nach den anderen aus. Aber auch Menschen, insbesondere Kinder, waren vor ihm nicht sicher. Katja und Walter mußten ihn isolieren, um ihn dann über einen längeren Zeitraum vorsichtig in die Herde einzufädeln.

Beim Ankauf als sechsjähriges Pferd war Diamond rundum beschlagen und hatte vier

Wenn Diamond den Kontakt zu den Reiterhilfen verliert, läuft er aus Unsicherheit andere Pferde an.
Foto: M. Mizelli

Zwanghufe. Die hinteren Eisen wurden abgenommen und der vordere Beschlag durch Kunststoff ersetzt. Hinten stand Diamond eher kuhhessig. Beim Reiten knickte Diamond regelmäßig mit dem rechten Hinterhuf wie durch eine Ermüdung ab. Besonders beim Bergablaufen fiel eine deutliche Kreisbewegung beim Aufsetzen der Hinterhufe auf. Durch das Schaufeln liefen sich die Hinterhufe einseitig ab. Beim Schritt schaukelte er stark mit dem Kopf, als wollte er Schwung holen. Bei schnellen Gangarten riß er den Kopf hoch. So konnte er sich dem Gebiß entziehen. Aus demselben Grund rollte er sich an anderen

Tagen auf. Am Anfang wurde er ausschließlich im Gelände geritten. Dort zeigte er sich sehr unsicher. Die Hinterhufe waren zudem bald schon so weit abgelaufen, daß der Schmied Beschlag mit Eisen als Bedingung stellte. Katja und Walter haben das Pferd geschont, jedoch unbeschlagen gelassen.

Sowieso zeigten sich bald Hautprobleme: Furunkel in der Sattellage. An wechselnden Stellen zog sich das über Monate hin und Diamond konnte dadurch nicht geritten werden. Diamond wurde auf die Hufpflege nach Dr. Hildtrud Strasser umgestellt. Die Hufform veränderte sich dadurch bald deutlich: Die

Diamond bekommt seine Umgebungssicherheit maßgeblich aus den Planenübungen. Foto: E. Winkler

Hufe liefen sich mit der Zeit gleichmäßiger ab, der Strahl prägte sich aus und die Hufform öffnete sich. Barhuflaufen ist heute – ein Jahr später – kein Problem mehr. Insgesamt hat sich Diamonds Herdenverhalten nach und nach gebessert, da seine Aggressivität mehr und mehr abnahm. Auch sein Verhalten Menschen gegenüber beruhigte sich wesentlich und fand zu freundlichem und kooperativem Verhalten. Auslösend dafür war die Teilnahme an den Ausbildungskursen „Feldenkrais und Reiten". Diamond war siebenjährig und achtjährig auf den dreiwöchigen Kurseinheiten. Im ersten Kurs zeigte er sich unkooperativ mit den Menschen und unsicher bis panisch

bei der Arbeit. Er klebte an anderen Pferden oder rannte sie einfach um, da ihn das Durcheinanderreiten so sehr verunsicherte. Im Grunde lief er mit aufgerissenen Augen kopflos durch die Diagonale im Geländetrab und hielt dann irgendwo in ein anderes Pferd hinein an. Die auf ihm reitende Katja war verzweifelt, da er ihr keine Zeit ließ, nach den Kriterien des „Reitens aus dem Schwerpunkt" ihre Körpermitte zu finden und daraus Sitz und Einwirkung zu gestalten. Sicher war Diamond auch verzweifelt. Er verhielt sich, als wäre er unzugeritten. Allerdings paßten seine Sättel überhaupt nicht. Sie konnten sich jedoch auch nicht anpassen, da er sich steif im Rücken und schief verhielt. Auf der Kursweide war Diamond aggressiv zu den Weidepartnern. Er hatte sich aber eine Stute geangelt, die er beschützte.

Doch Diamond war ein dankbares Kurspferd. Es gab zu tun, sowohl für die Anwendungen am Körper als auch bei der Bodenarbeit. Aber er lernte gerne mit. Die Berührung der Körperregionen ergab den Befund einer Hüftschwäche, wahrscheinlich durch das langjährige Drehen des Hinterfußes ausgelöst, in Wechselwirkung auch durch das klemmige Verhalten beim Reiten. Unrhythmisches Laufen korrespondiert meistens mit einer festgehaltenen Hinterhand.

Sanfte Berührungen aus der Feldenkraismethode und verschiedenen Massagetechniken konnten Diamond helfen, sich seiner selbst mehr, neu und angenehm anders gewahr zu werden. Eben demselben Zweck dienen die Anwendungen von Körperseilen vor der Brust und um die Hinterhand herumgespannte Bandagen, während das Pferd geritten wurde. Große Lernfortschritte konnte Diamond erzielen in den Themen Angst- und Mut-Erziehung zur Selbstkontrolle und angemessener Einschätzung der Gefahr.

Diamond ist das typische Importpferd – entwurzelt, mißtrauisch, regrediert zu seinem geringsten Kenntnisstand, wenn die Anforderungen ihm zu hoch erscheinen. Andererseits ist er der Kulturträger einer harten, begabten und schönen außergewöhnlichen Pferderasse. Nur die auf eine Einbürgerung zu verwendende Zeit und Geduld sowie die nicht immer hilfreichen Kommentare der Co-Trainer kann man gleich mit einkalkulieren.

Beim zweiten Dreiwochenkursus ein Jahr später hatte Diamond wesentlich an Vertrauen und Selbstbewußtsein dazugewonnen.

Diamond bei der Hufpflege in der Schwemme, denn Hufe brauchen Feuchtigkeit. Foto: M. Mizelli

Während er am Anfang bei der Hallenarbeit immer noch die Anlehnung an andere Pferde suchte, wurde er mit mehr Übung zunehmend ausgeglichener und zeigte immer mehr Interesse an der täglichen Arbeit. Wir waren alle richtig stolz auf die Entwicklung, die Diamond im Verlaufe eines Jahres genommen hatte. Auffällig war jetzt sein mutiges Verhalten gegenüber Neuem, zum Beispiel beim Planenspiel oder im Wasserbecken. Reiterlich war Diamond im zweiten Jahr ein Vorbild für andere Pferde, etwa in der Biegearbeit, im Rhythmusgefühl und in seiner Fähigkeit, sich auf leise Anfrage graduell zu versammeln.

Katja hatte sich im Zwischenjahr ein wundervolles neues Pferd gekauft. Walter hat redlich mit Diamond trainiert. Bodenarbeit und Körperarbeit nach der Feldenkraismethode und Linda Tellington-Jones, Übungen zum Dominanzverhalten am langen Seil nach Pat Parelli. Zusätzlich nahm er einmal wöchentlich eine Reitstunde nach Claus Penquitt, um über das Reiten vieler Seitengänge die Hinterhand des Pferdes zu kräftigen. Sowohl Diamond als auch Walter haben sich ruhig und angemessen durch das wechselnde Potpourri von balanceorientierten Informationen gefädelt und sich am Ende nicht vertüdelt und widersprochen. Heute ist in ihrem normalen Trainingsalltag die Feldenkraismethode ein Hauptbestandteil.

Diamond richtet sich gerade beim Durchreiten von Stangengassen. Foto: M. Mizelli

Diamond und Walter harmonieren durch Feldenkrais. Foto: M. Mizelli

Er bekommt den TTOUCH nach Linda Tellington-Jones sowie unsere Anwendungen an der Wirbelsäule über die Schweifrübe und an den Beinen. Er liebt die Bewegungsmanipulationen an den Ohren. Bodenarbeit und Reiten fließen ineinander über.

Diamond ist heute vital und rundum gesund. Die Hautprobleme haben sich gelegt. Er hat ein sehr soziales Herdenverhalten bekommen und zeigt sich nur noch selten aggressiv. Er hat es nicht mehr nötig, seinen Kopf ständig hochzureißen. Sein Hals baut sich um – er wird stärker in der Oberhalslinie bei vermindert festem Unterhals. Auch das Gangbild ist deutlich besser geworden. Er schaufelt nicht mehr so stark und knickt nur noch selten um. Diamond ist durch die Feldenkraismethode ein freundliches, selbstbewußtes Pferd geworden, dem auch die Arbeit mit Kindern meistens sehr viel Spaß macht. Und Walter wird ein Crack, jemand, der Feldenkrais sehr positiv anwenden kann. Ich freue mich auf Diamond und Walter zum Abschlußkursus im Mai.

DONARA

– BEGABUNG UND DREISTIGKEIT

Donara ist heute vier Jahre alt; eine Württemberger Stute – Hausmischung. Sie gehört Babsi, der Betreiberin einer Reitschule – einer von uns, die sommers wie winters in Hitze oder Kälte stehen und an Weihnachten erst einmal Pferde füttern und ausmisten müssen.

Am Anfang ein scheues Häufchen Haut und Knochen, erholte Donara sich recht bald von den Strapazen der Tragzeit und Geburt. Ihre Mutter war eine sehr dominante Stute und hat Donara gleich gezeigt, wie man mit den anderen umgehen muß: „Wenn du kommst, müssen die anderen gehen!" Nach dem Motto lebt Donara heute noch. Zusätzlich wuchs ihr Selbstvertrauen täglich in dem Bewußtsein, daß sie Babsis Paradepferd fürs Private werden würde und kein Schulpferd im Betrieb. Donara hat von ihrer Mutter außerdem gelernt, daß Hunde doof sind und am besten mit einem gezielten Tritt befördert werden oder daß es am Waschplatz gefährlich ist, daß man dort immer vorsichtig sein muß.

Und so trat Donara anderthalbjährig, als Handpferd auf einem Ausritt mitgeführt, nach kläffenden Windhunden so gezielt aus, daß man von dem getroffenen Hund nichts mehr hörte. Es war schon dunkel und die ganze Pferdegruppe war unruhig ob des zwischen ihren Beinen hin- und herlaufenden Hundes.

Donara lag in den ersten beiden Jahren ihres Lebens sehr viel. Beinahe hätte Babsi einmal eine reelle Kolik übersehen. Die Verkrampfung wurde durch eine Spritze gelöst. Als Donara etwa 8 Wochen alt war, wollte Babsi sie am Strick als Handpferd mitnehmen auf einen Ausritt mit den Clubkindern. Donara verrenkte sich nach allen Richtungen, aber mitlaufen tat sie nicht. Zum Schluß war sie so verstört und bockig, daß sie sich nach rückwärts überschlug und liegenblieb. Dann wurde sie nach den TTEAM- und Feldenkraismethoden vom Boden aus angelernt. Dabei wird zum Beispiel ein Seil vor die Vorderbrust gespannt und eines unter der Schweifrübe um die Hinterhand herum. Nach ein paar Wochen hatte sie das Konzept verstanden und lief wunderbar als Handpferd mit. Das ist bis heute so geblieben und es ist ihre besondere Begabung, sich wirklich gut mit der Gerte dirigieren zu lassen. Allerdings ist es laut Babsis Beschreibung mit dem vierjährigen Pferd immer noch so: wenn ihr etwas nicht gefällt, wird sie total bockig. Dann bekommt sie einige Wochen Denkpau-

se. Legst du die Aufgabe dann neu vor, klappt es besser als je zuvor. Das Kompliment lernte sie erst zügig, dann konnte sie es überhaupt nicht mehr und heute macht sie es ganz ordentlich.

Seit sie angeritten ist, macht sie das beim Reiten genauso. Normalerweise begrüßt Donara Babsi brummelnd und freut sich auf ihre Reitaufgaben. Im Laufe der Belastung durch die tägliche Teilnahme an einem Mehrtageskursus oder bei den Reitstunden, die Babsi zweimal wöchentlich bekommt, zeigt sie deutlich, wieviel Arbeit sie möchte. So läuft sie im Auslauf weg, wenn Babsi mit dem

Als Saugfohlen liegt Donara auffallend viel. Foto: B. Schmitz

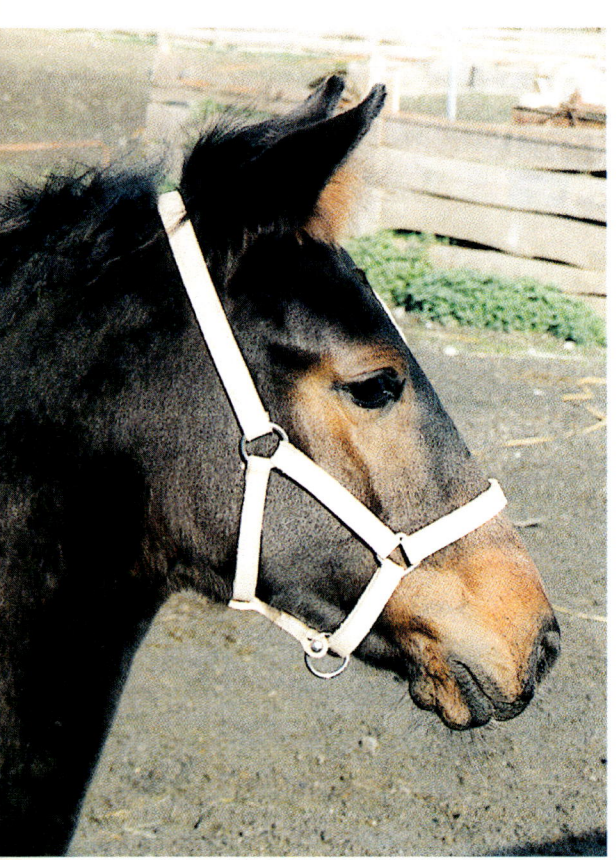

*Donara ist ein schönes Fohlen. Energie und Eigensinn geben ihrem Gesicht einen besonderen Charme.
Foto: B. Schmitz*

steigt Donara ab und zu, wenn sie übermütig ist oder sich bedrängt fühlt. Wenn Donara aufgeregt und hopsig/hüpfend ist, lenkt Babsi sie ab, indem sie den Spanischen Schritt einfordert: „Für Leckerlis tut sie alles!"

Insgesamt schätzt Babsi Donara als etwas faul, einen Energiesparer, ein. Donara hat ihre ganzen Aufgaben an der Hand gelernt und als Handpferd das Gelände kennengelernt. So ist sie zuerst im Gelände eingeritten worden, und erst mit vier Jahren kam sie in die Reitbahn. Im Gelände reit Babsi sie mit Lindel oder im Sommer sogar am Stallhalfter, jedoch immer in der vertrauten Weidegruppe. Dabei schlug Donara des öfteren mit dem Kopf, vielleicht weil das Lindel zu schief auf dem Nasenrücken einwirkte.

Wenn Donara im Gelände Angst hat vor irgend etwas, sitzt Babsi ab, und sie folgt ihr problemlos an allem Unheimlichen vorbei. Allerdings hat sie am Anfang nach allen Pferden ausgeschlagen beim Reiten. Das jedoch wird allmählich besser. Als größtes Pferd in der Gruppe hatte Donara lange Zeit Probleme, mit den anderen Pferden mitzuhalten. „Sie kam nicht in die Gänge." Das ist besonders interessant, da alle anderen zwanzig Pferde zwar munter und ausgewachsen sind, jedoch viel weniger Raumgriff im Gang haben. Shettys, Isländer, ein Paso Fino, Haflinger, Partbred und andere, auch noch zwei weitere Warmblüter. Babsi beschreibt, daß sie Donara im ersten halben Jahr gar nicht galoppiert hat: „Erst als sie mir das angeboten hat ... Außerdem hat Donara durch die viele Handarbeit den Respekt vor der Gerte verloren. Sie braucht eine lange Aufwärmphase und man muß ordentlich zupacken, bevor Donara reagiert und die Gerte als vortreibende Hilfe

Sattel ankommt. Hat sie eine mehrwöchige Reitpause hinter sich, steht sie wieder brummelnd parat, besonders wenn andere Pferde vorgezogen werden sollen. Dann ist sie klasse in der Bahn, fleißig und ohne die Tendenz, die Bahn zwischendrin zu verlassen.

Als Donara zwei Jahre alt war, wurde sie anlongiert, und Babsi übte mit ihr den Spanischen Schritt ein. Babsi sagte dazu: „Irgendwas muß man ja machen!" Beim Longieren

annimmt." Abschließend sagt Babsi: „Andere, fremde Pferde haben mehr Respekt vor mir."

Wenige Wochen nach diesem Interview wollte Babsi mit der superartigen Donara an ihrem ersten auswärtigen Schautag teilnehmen, einer Reiterrallye. Obwohl sie begleitet war von Pferden, die sie kannte, brach Donaras Selbstkontrolle nach wenigen Minuten zusammen. Vor den entsetzten Augen von Freunden und den Teilnehmern und Zuschauern der Rallye sprang Donara minutenlang in meterhohen Bocksprüngen über die Wiese.

Und Babsi flog hausdachhoch durch die Luft, direkt ins Krankenhaus hinein. Mit Hüft- und Wirbelkörperschäden ist sie seit Monaten lädiert und vor allem berufsunfähig. Was war passiert? Wo liegt die Logik im Aufbau der Störung? Gab es eine Vermeidbarkeit?

Die erste Frage ist: Passen Pferd und Reiter zusammen? Muß in diesem Fall mit einem klaren „Ja" beantwortet werden. Babsi ist eine sehr gute Reiterin, die ein sehr gutes talentiertes Pferd verdient hat. Achtsames Augenmerk ist dabei zu legen auf den Faktor Übermü-

Donara ist ein starkes Fohlen, von dem man einen sportlichen Einsatz erwartet. Foto: B. Schmitz

dung oder Überlastung beim Reiter. Schon viele Profis sind beim Reiten zu Schaden gekommen, als vermeidbare Situationen aus Überlastung unglücklich verliefen. Man fühlt auch weniger, wenn man überarbeitet ist, zum Beispiel ob verspannte Energie sich aufstaut.

Außerdem müssen wir hier ganz klar festhalten: Es kann bei allerbester Ausbildung des Pferdes immer passieren, daß ein vierjähriger Warmblüter reell buckelt. Dabei sind die Bewegungsimpulse dann so groß, daß nur sehr athletische, reitgewandte jüngere Menschen sie aussitzen können. Es ist also immer ungefährlicher, ein kleineres Pferd zu reiten, das mit weniger Raumgriff und Schwung ausge-

stattet ist, zum Beispiel einen Paso Fino, ein Quarter Horse oder einen Welsh Cob. Beim Reiten von jüngeren Warmblütern müssen Sie auf Schauveranstaltungen und im Gelände mit nicht aussitzbaren Ausbrüchen rechnen. Soviel zur Entwicklung von Gefahrenbewußtsein beim Reiter.

Als ich Donara auf den Mehrtageskursen kennenlernte, mochte ich sie sehr gut leiden. Sie war begabt und willig. Als zu bearbeitende Auffälligkeit ergab sich dafür jeweils das Stichwort: Verhaltenheit! Donara war im Schritt und Trab mit sich und dem Reiter (am hingegebenen Zügel) – zu ausgebremst, eben zurückhaltend und gebunden. Der Galopp war schau-

Als Anderthalbjährige schlägt Donara gezielt nach einem in die Pferdebeine kläffenden Hund. Foto: B. Schmitz

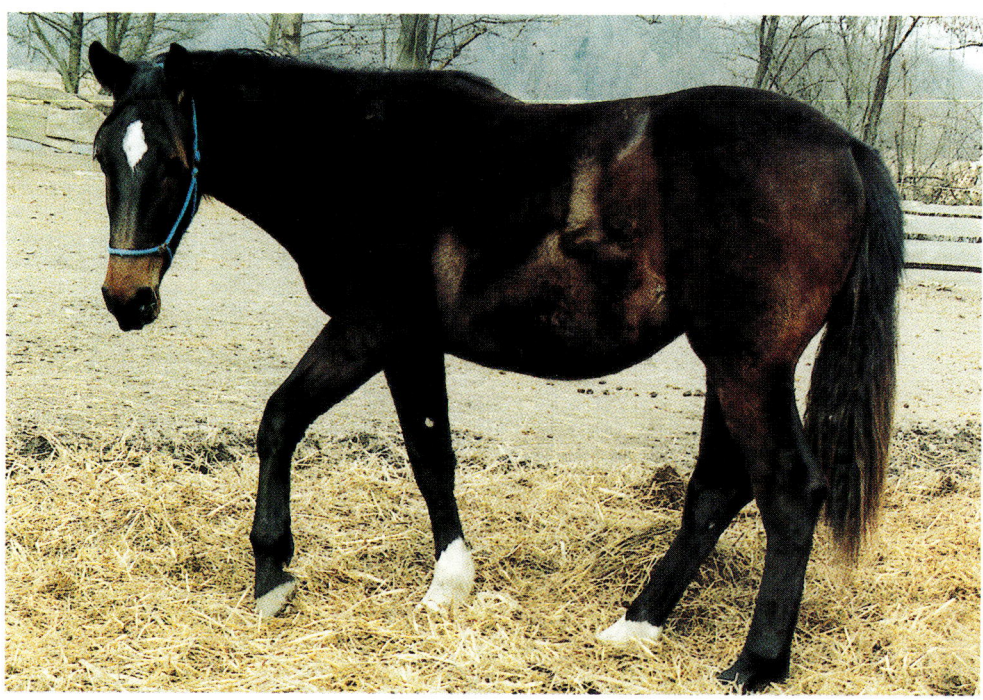

Donara übt entlang dem variabel eingesetzten Plastikhindernis die Überwindung von Angst.
Foto: B. Schmitz

kelig, also nicht nach vorne gesprungen, sondern zeitlupenlangsam wie beim Schaukelpferd. Babsi wurde darauf aufmerksam, und als Übung für Donara wurde erst einmal das Traben und Galoppieren rund um eine große Wiese, gezogen und begleitet von einem anderen Pferd, angeleitet. Da Babsi das Pferd nicht sehr kurz fassen sollte, war ihr hierbei schon mulmig, obwohl Donara superartig blieb. Dieses mulmige Gefühl hätte Babsi deutlicher berücksichtigen können und sich nicht, nur wenige Wochen später, auf einer Veranstaltung anmelden.

Woher kommt Donaras Verhaltenheit, die letztlich zum großen Ausbruch geführt hat? Nach meiner Auffassung war es in dieser Hin-

sicht nicht so günstig, Donara von Fohlen an in ihrer Weidegruppe bei Reitschulausflügen mitzuführen. Die Begleitpferde sind alles kleinere Rassen, die reitenden Schüler auch entweder sehr klein oder sehr ängstlich. Die bewegungsbegabte, großwachsende Donara kam nicht zu ihrem Grundtempo, Gangmaß und Rhythmus. Auslauf auf großen Weiden in großen Gruppen gleichaltriger und gleichartiger Pferde hätten Druck nach vorne auf ihre Bewegungsimpulse ergeben. Es gab viele Anzeichen dafür, daß sich Verhaltenheit festgesetzt hatte, zum Beispiel das Kopfschlagen, das Nichtmitkommen im Tempo, das Steigen an der Longe, das Schaukeln im Galopp. Verhaltenheit führt unweigerlich zum Aus-

Donara zeigt Engagement am Plastikhindernis. Hierbei soll sie ihre Verhaltenheit überwinden. Foto: B. Schmitz

Ganz fein taucht Donara über den Stangen mit der Nase ab. Foto: B. Schmitz

bruch von Widersetzlichkeit!! Ich persönlich bin nicht sehr gut Freund mit der Idee, die Fohlen in der Aufzucht am Haus oder im in den Reitstall integrierten Offenstall zu überdomestizieren. Die von den Cowboys propagierten Imprinttechniken schätze ich nicht. Pferde sollten auf Pferde geprägt sein und frühzeitig Druck zum Ausweichen und Voranlaufen aus der Herde bekommen. Das erhöht auch die Belastungsfähigkeit von Lunge, Herz und Bewegungsapparat. In den ersten sechs Monaten bei der Mutterstute hat der Züchter genügend Umgang mit dem Fohlen, damit es sich lebenslänglich respektvoll und neugierig für ihn interessiert. Pferde wollen nämlich unbedingt etwas Sinnvolles zu tun haben und kommen daher immer wieder auf die Zusammenarbeit zurück. Diese sollte mit dem zweiten Lebensjahr in Intervallen beginnen. Alles andere sind Notlösungen und nicht Notwendigkeiten. Das erste Anreiten, das erste Aufsitzen von unzugerittenen Pferden ist längst

nicht so spektakulär, wie es uns alte Cowboyfilme weismachen wollen. Im Imprint, dem Übergewöhnen der Pferde an den Menschen in seinen Verhältnissen, liegt die Gefahr, aus organisatorischen Gründen oder weil man nichts davon weiß, die Distanz aufzugeben und das Gefühl für den Druck, den das Pferd nach vorne braucht. Seinen eigenen Rhythmus.

Bei der vierjährigen Donara ist eine Kurskorrektur noch leicht möglich. Handpferdereiten würde nur Sinn machen, wenn es ausgeführt würde wie etwa bei den Aktionstrabern auf den Hengststationen, also nicht von Zurückhaltung auf eine Reitergruppe geprägt.

Reiterlich sollte sie von einem elastischen Reiter in einer Zweier- oder Vierergruppe rund um ein weites Feld trainiert werden, auf Vorangehen im Trab und Galopp. „Und – Babsi – achte auf Deine Überlastung – reite sie mehr in der Bahn und laß frische Kräfte den Stunt spielen!"

HERBSTTRAUM

– DER FREUDE IN DEN AUGEN ZEIGT

Der Trakehner Hengst Herbsttraum war mein erstes eigenes Pferd. Nicht ein Turnierpferd meiner Eltern oder ein Beritt- oder Korrekturpferd von anderen, sondern selbst gewählt, selbst gekauft, selbst unterhalten.

Geprägt in der Auswahl dieses ersten eigenen Pferdes war ich deutlich vom Lehrmeister Eugen Wahler, bei dem ich Auktionsreiterin war und die Ehre hatte, in der Vorbereitung der Junghengste aller Warmblutrassen auf die Hengstleistungsprüfung Einreiterin zu sein.

Im 100-Tage-Test müssen dreijährige, soeben reiterfromm angelieferte Hengste nach drei Monaten vor einer Prüfungskommission unter Beweis stellen, daß sie talentiert und gesittet unter dann fremden ausgelosten Reitern einen Parcours durchlaufen, eine Jagdpferdeeignungsprüfung gehen und sich dressurmäßig ordentlich in der Halle in allen Grundgangarten bewegen. Damals (1975) mußten die Pferde auch noch vor dem Sulky laufen. Leider wurde diese Charakter, Körperbild und Gehorsam schulende Teilprüfung später abgeschafft, wahrscheinlich weil die Prüfungsstationen mit dem Arbeitsaufwand überlastet waren und weil der Kunde Hengsthalter sowieso nicht einsehen konnte, warum sein Hengst im Geschirr war. Vielen erschien es nicht zeitgemäß.

Ich jedoch genoß eine superintelligente Reitausbildung – lange vor der Lehre von Dr. Moshe Feldenkrais und doch mit Köpfchen, Verständnis fürs Lebewesen und Körpergefühl. Wir waren sehr gut reitende junge Mädchen mit eigenen Pferden und wir bekamen das Sicherheitskonzept, die Supervision, Aufsicht und Anleitung dieser alten Männer aus Ostpreußen mit ihrem aus der Heimat überlieferten Pferdewissen und ihrer Liebe und ihrem Respekt vor der Kreatur, die mit ihnen das alte Leben geteilt hatte, die mit ihnen im großen Flüchtlingstreck aus Ostpreußen gelitten und überlebt hatten und das neue Leben mit ihnen teilte und zwar durch die mageren und durch die fetten Jahre.

Eugen Wahler vom Klosterhof Medingen hatte ein sehr sorgfältig durchdachtes Ausbildungskonzept für die drei Monate, das sich auf alle 35 Junghengste anwenden ließ. Sie liefen durch den Sprunggarten, an der Doppellonge, in der Reithalle und im Gelände. Alles ging ruhig, besonnen und Hand in Hand vor sich. Auge und Anleitung des Meisters wachten über allem. Und doch ist es eine besondere Stimmung. 25 bis 35 Junghengste unter einem Dach; sie waren neu zusammengekommen und rivalisierten, zogen dennoch alle an einem Strick, arbeitseifrig interessiert, reitwillig und bemüht. Und doch lag dieses besondere Prickeln in der Luft. Es war zwischen Pferd und Reiter(in): „Wird es für mich laufen?" Es gab einen enormen Druck, nicht herunterzufallen, da ein freilaufender Hengst für die anderen Pferde und Hengstreiter gefährlich ist. Es gab auch Konkurrenz, mit dem jeweiligen Lieblingspferd einen solchen Kontakt aufzubauen; man wollte gemeinsam ein gutes Bild abgeben – wieder miteinander zugeteilt werden und die Freundschaft und Zwiesprache zwischen sich und dem Pferd festigen. Bei der Abreise der Hengste gab es viele Sehnsüchte und Wehmut und sowohl körperliche als auch seelische Erinnerungen an Reitgefühl und Kommunikation, die weit in den Alltag hineinreichten.

So wußte ich, mein erstes eigenes Pferd würde ein Trakehner Hengst werden. Viele Jahre lang war ich alljährlich zum Trakehner

Der zweijährige Hengst ist noch hüpferig und zappelig an der Hand. Foto: G. Voß

Hengstmarkt nach Neumünster gefahren und kannte mich recht gut aus. Dort werden die zweieinhalbjährigen Junghengste von der Körkommission gekört und für zuchttauglich befunden oder nicht gekört und (nur) als Reitpferd empfohlen.

So saß ich in dem Jahr voller Erwartung, welche Hengste dieses Mal vorgestellt würden. Es gab natürlich Grenzen im Portemonnaie und persönliche Vorlieben. Herbsttraum

Der Junghengst sieht noch unreif aus, doch bald schon muß er in einen großen Test. Foto: G. Voß

ist ein leuchtender Goldfuchs. Das war damals meine Lieblingsfarbe, die ich auch heute noch gerne sehe. Er hatte schon als zweijähriger Hengst ein wundervolles Er-sah-mich-an-Gesicht, das er an alle seine Fohlen später typisch vererben sollte. Abstammend sowohl von dem Vollblüter Stern XX als auch von dem Angloaraber Burnus war er eher im harten, trockenen Leistungstyp und erschien mir auch von Gestalt her frauenfreundlich und lenkbar reitbar. Zwar präsentierte er sich unreif hampelig und zappelig in der Holstenhalle, das beunruhigte mich nicht. Ich wußte, diese Seite eines Pferdes bekomme ich in den

Griff. In der Box war er zugewandt, ruhig und ansprechbar trotz des enormen Publikumsverkehrs über mehrere Tage – er zeigte keinen Streß.

Er war gekauft. Ich war glücklich. Ich glaube, das Pferd auch noch. Und jetzt ging die Odyssee los. Und so ist diese Geschichte über den Trakehner Fuchshengst Herbsttraum auch eine Story über Hengsthaltung in Deutschland.

Mein Ponyclub – auch mit meinen anderen Warmblütern – funktionierte in Offenstallhaltung und schien für einen Zuchthengst nicht der angemessene Raum zu sein. Mehrere Reitervereine und Reitställe wollten den Hengst nicht haben trotz der Trennwände aus Stein und den Gitterboxen bar jeden Freilaufes und gar ohne Weide. In der normalen Reiterwelt den zweieinhalbjährigen Hengst unterzubringen, das war so gut wie unmöglich. Es schien, als hätte ich einen feuerspeienden und menschenfressenden Drachen anzubieten.

Über den Verband des Trakehner Pferdes bekam ich Unterstützung. Wieder ein alter Ostpreuße in Kiel – Günter Goerke aus Laboe – war sehr gerne bereit, den Junghengst als zweiten Zuchthengst aufzunehmen und anzulernen; natürlich war ich die Reiterin, und dieses Dreamteam funktionierte wunderbar. Ziel des nächsten Dreivierteljahres war es, den Junghengst als Deckhengst an den Stuten anzulernen und in seinem reiterlichen Benimm auf die beschriebene Hengstleistungsprüfung vorzubereiten.

Wie wurde nun dieser Jüngling Goldfuchs an die Stute herangeführt? Um 04.30 Uhr morgens nahm Herr Goerke seine alte erfahrene, offene und großherzigste Zuchtstute an die Hand und in die Halle. Dazu den jungen Hengst. Lange und liebevoll durfte er an ihr herumspielen, bevor er die Begattung vollzog und erfuhr. Es geschah in einer Atmosphäre der Ruhe und ohne weiteres Publikum. Das war so gewollt und organisiert. Im Ergebnis ist der Hengst Herbsttraum bis heute im Umgang mit den Stuten ein Gentleman. Sowohl bei der Bedeckung an der Hand als auch bei der Weidebedeckung versteht er sein Geschäft. Er bekommt jede Stute rossig und tragend. Er hat nie Verletzungen zugefügt und ist nie verletzt worden. Er konnte immer genau zwischen der Arbeit und Situation beim Reiten und der Bereitschaft zum Deckakt unterscheiden. Man bekam dadurch mit ihm nie Schwierigkeiten und er kam zu seinem vollen Einsatz in beiden Bereichen. Wievielen Züchtern würde man diese Übersicht im Umgang mit Hengsten wünschen! In der Hengsthaltung wird diese Möglichkeit weitgehend versäumt. Zusätzlich werden Sex und Fortpflanzung sowie Fruchtbarkeit der Pferde weiterhin durch die Spermaverschickung geschwächt. Es ist natürlich alles „nur ein Geschäft", doch schwächen wir die Substanz

Der sechsjährige Hengst bewundert Stuten aus der Ferne. Foto: Archiv v. d. Sode

einer Pferderasse, wenn wir das Geschlecht schwächen. So sieht denn auch Moshe Feldenkrais das Potential der freien Entfaltung von Lust als hohe Stufe von Freiheit im menschlichen Körper an. An Herbsttraum hat mir ein alter ostpreußischer Mann gezeigt, wie man mit Hengst und Stute umgeht, denen man sich in Liebe und Respekt verbunden fühlt, und wie man für die nächste Generation weitersorgt.

Weiterhin hatte der junge Hengst Herbsttraum das Privileg, von einer jungen Frau täglich betreut zu werden. Er war an der Longe und ich ging mit ihm am Ostseestrand spazieren, ließ ihn frei laufen auf der Weide oder in

der kleinen Reithalle (15 x 25 m – dem Vorläufer der heute auch bei uns modernen Round Pen und Picaderoarbeit). Herbsttraum wurde an Sattel und Trense gewöhnt und mit dem Gogue longiert. Das Gogue läuft durch die Trensenringe - die Verbindung zur Anlehnung ist federnder und fragender als beim feststehenden Ausbindezügel.

Das erste Aufsitzen war wieder in die ruhige Morgenstunde verlegt. Der alte Mann sichernd und beruhigend an der Longe und ich als junge Reiterin auf dem Pferd. Die ersten Runden verliefen etwas zügiger, das Pferd überlegte sich, ob es weglaufen sollte und blieb doch bei uns. Von da an für alle Zeiten war Herbst-

Der zehnjährige Hengst ist rittig und gehorsam. Foto: Archiv v. d. Sode

traum kontinuierlich problemlos zu reiten. Er hat nie mehr gebuckelt, um den Reiter abzusetzen, und uns nie mehr im Stich gelassen.

Alle beschriebene Ausbildung bisher verlief streng klassisch im Klima, jedoch auch schon nach den Vorgaben von Moshe Feldenkrais – in Ruhe und Stimmung mit Raum und Zeit zum Hinfühlen, Hinhorchen und Hinsehen – somit dann ebenfalls wieder echt klassisch. Trotz alledem gab es auch schon in diesem ersten Jahr mit dem jungen, gekörten Hengst Besorgnis, Fragestellungen, Differenzierungen. Er war zweijährig vorne beschlagen, um im Gelände laufen zu können. Das tat uns zwar leid, aber so war es üblich, man verließ sich auf die Ansichten des Hufschmiedes. Er war überhafert. Nach damaliger Expertenmeinung mußten Junghengste ordentlich hoch gehafert werden, um ansehnlichen Muskelaufbau abzuliefern, Fruchtbarkeit beziehungsweise Potenz und schnelle Reifung. Im Ergebnis war Herbsttraum zweieinhalbjährig einen Tick lahm auf der Vorhand. Das wurde als übliche Wachstumsstörung diagnostiziert und mit Aromalonsspritzen intramuskulär behoben.

Im Ausbildungsstand konnten wir Herbsttraum also solide angeritten und brav bei der Hengstleistungsprüfungsstation abliefern – im Interieur war das Pferd ausgereift, beruhigt und kooperativ vertrauensvoll. Zudem war er deutlich gewachsen auf 1,68 m Stockmaß und begann, seinen Rahmen zu finden. Er war, da spät im Mai geboren, der jüngste Hengst in seinem Jahrgang. Gerade drei Jahre alt geworden, lagen enorme Anforderungen vor ihm. Jedoch lief er souverän durch den 100-Tage-Test. Im Sulky lief er nach wenigen Wochen eine Fahrquadrille als Vorführung in der Hol-

stenhalle und die Hengstleistungsprüfung schloß er ab mit einem beachtlichen 8. Platz unter den besten zehn Hengsten von 35. Die Teilleistung der Jagdpferdeeignungsprüfung mit dem Fremdreitertest gewann er souverän. Er hatte eine Fremdreiterin – Baronin von Zitzewitz – vielleicht hat ihn das auch unterstützt. Mir standen die Tränen in den Augen. Die drei Hengste vor ihm verweigerten müde vor der ihnen bekannten Wasserfurt und wollten nicht hindurch. Herbsttraum galoppierte von hinten heran und an ihnen vorbei und nahm sie alle mit. Als jüngster Hengst und mit „nur" einer Frau auf dem Rücken. Das Ausbildungskonzept war aufgegangen.

Herbsttraum wurde nun verpachtet an einen wundervollen alten Hof in Schwansen. Familie Carl auf Gut Ludwigsburg wollte ihn als Zuchthengst haben. Von Kiel aus erreichbar konnte ich ihn weiter reiten. Er war wieder umgeben von freundlichen und respektvollen Menschen. Patron und Patronin auf einem Wasserschloß mit ihren 15 Pferden, aus denen heute 150 geworden sind. Und wieder hatte er eine Doppelaufgabe, reiterlich und züchterisch, der er sich stellen konnte.

Immer noch war Herbsttraum erst fünf Jahre alt. Man bedenke, daß der Warmblüter im Grunde erst nach dem siebten Lebensjahr als ausgewachsen zu betrachten ist.

So waren nach der Hengstleistungsprüfung auch schon erste Auffälligkeiten zu bemerken, die aufgrund der frühen Belastung dreijähriger Hengste herzuleiten sind. Herbsttraum, der während der Leistungsprüfung sein Parcoursspringen artig absolvierte, hatte beim Springen über Stangen deutlich Angst. Er lief schnell und arrhythmisch an die Stangen heran und hielt den Rücken fest. Beim Springen über Geländehindernisse und Natursprünge aus dem Fluß heraus erging es ihm nicht so. Herbsttraum bekam eine Springpause von einem Jahr und wurde dann in Ruhe neu angelernt. Zudem kristallisierte sich jetzt heraus, daß der Hengst die Arbeit des Hufschmiedes haßte. Er stieg und tobte beim Beschlagen, Aufbrennen und Aufnageln. Er wurde mit einer Nasenbremse ruhig gehalten und mit Beruhigungspülverchen. Die Schmiede waren allesamt menschlich sehr nett und nannten sich orthopädische Fachkräfte. Leider hatte ich meine Kommunikation zum Pferd und Körperwahrnehmung partiell abgeschaltet und mich blockiert durch meine eigene angebliche Ungeschicklichkeit, die Hufe zu versorgen. Damals delegierte ich fachliche Kompetenz an die Schmiede, um so mehr, weil sie sehr nett waren, und traute weder dem Pferd noch mir selber offene Augen und eine angemessene Vorgehensweise zu. Das Pferd wußte Bescheid. Ihm taten die Hufe weh vom Schmied und beim Schmied. Es wußte zu schreien und sich zu wehren. Aber wir haben es erst Jahre später gehört. Im Zuge der Entwicklung einer jungen Frau wurde das Reitpferd Herbsttraum mit durch die Weltgeschichte geschleift, wobei ihm immer geringer Deckeinsatz vergönnt war. So bereiste er viele Standorte und Studienorte klaglos und freundlich. Meistens kam ein mit ihm befreundetes Pferd – Stute oder Wallach – mit.

Herbsttraum war wohl siebenjährig, da baute ich mit fünf Mitarbeitern und 25 Pferden und Ponys den Jugendbauernhof in Kiel auf. Das bedeutete sieben Tage in der Woche Arbeit rund um die Uhr. Der Hengst stand teils auf dem Hof und teils in der Reithalle und ich ritt ihn um 05.00 Uhr morgens oder um 23.00 Uhr abends. Nach einiger Zeit gab ich ihn zu meiner Unterstützung in Beritt zu einem sehr guten Freund und begnadeten Reiter – H.-D. Meurer aus Dobersdorf/Schönkirchen bei Kiel. Dieser mochte den Hengst sehr gut leiden und ritt ihn nach wenigen Monaten auf Sieg und Plazierungen in Dressuren der Klassen M und S. Zum Ausgleich kam das Pferd zum Grasen in seinen Garten oder durfte in der Halle frei umherspazieren. Ich war entlastet und hatte ein Pferd, das zufrieden und in Gange war. Jetzt hörte man auch nicht mehr die Stimmen, der Hengst sei ein Weiberpferd. Alle waren zufrieden.

Doch was auch geschah: Dieter sagte: „Irgendwie strengt der Hengst sich nicht genug an!" Ich furios: „Der gibt sein Bestes, sein Letztes, er kämpft. Mehr kann er nicht!" Dieter: „Irgendwie will er nicht!"

Mit zwölf Jahren war Herbsttraum geringfügig, jedoch dauerhaft lahm auf den Vorderbeinen. Er kam zum Jugendbauernhof zurück, die Eisen wurden abgenommen, er hatte ganztägig Weidegang, wurde nur ganz leicht gearbeitet. Er blieb lahm. Mehrere Tierärzte und Heilpraktiker versuchten, einen Befund zu erstellen. Es gab keine Diagnose. Einer diagnostizierte den Anfang einer Hufrollenentzündung, jedoch festgemacht an der Lahmheit und nicht am Röntgenbild. Es wurden Blutegel angesetzt. Das Pferd blieb lahm. Es wurde mager. Ohne auch nur einen Tag vorhergehenden Hustens hatte sich die Lunge zugesetzt. Das Pferd wurde mit einer sogenannten Lungenspülung therapiert. Er erholte sich etwas in der Gesamtkonstitution und auf den Beinen. Ich mochte ihn nicht mehr reiten, um ihn nicht zu überlasten, und Dieter auch nicht. Er wurde leicht bewegt von den Kindern des

Jugendbauernhofes oder einer angehenden guten Reiterin, um seine Psyche stabil zu erhalten und ihm Kontakt und Kommunikation zu ermöglichen.

Nach einer Weile machte der Hengst einen belastbaren Eindruck, fand jedoch nie mehr zu seiner vollen Bewegungskapazität zurück und so mochte man ihn nicht mehr im Sport einsetzen. Es begann jetzt seine Epoche als Weidedeckhengst. Niemand hatte jetzt mehr Angst davor, daß der Hengst verletzt wird, die klassische Ausrede, einen wertvollen Zuchthengst nicht in die Stutenherde zu lassen.

Als Stuten wurden nur solche beigegeben, die selber alt oder lahm waren oder unfruchtbar schienen. Das war eine wunderbare Erfahrung, von der wir alle gelernt haben. Es war berührend, die Ritterlichkeit des freien Hengstes zu erleben, wie er gentlemanlike die zickigsten Stuten umgarnte oder auswartete. Und mit Toleranz und Freundlichkeit überließ er einem kleinen Shetlandponyhengst dessen Eselstute, die dieser keß abschirmte. Eindrücke voller Naturhaftigkeit und Frieden; und wir schämten uns, so vielen Fehlinformationen aufgesessen zu sein darüber, wie Hengst und Stute sich verhalten. Nicht rossende Stuten wurden rossig, rossige Stuten tragend.

Leider wurde der Hengst Herbstraum dann in unregelmäßigen Abständen aus seiner Herde geholt und zum Reiten aufgestallt. Das regte ihn so auf, daß er wieder stark abfiel, mager, struppig und auf den Beinen müde wurde.

Ein berühmter Tierarzt stellte die Diagnose: Der Hengst sei ursprünglich lahm vom Schmied!

Herbsttraum von Tannenberg aus der Herbstjagd von Burnus war auf seinen Turnierstarts ausdrucksvoll und erfolgreich unter seinem Reiter H.-D. Meurer.
Foto: Archiv v. d. Sode

Ein alter Hufschmied sagte: Die Hufe seien seit zehn Jahren falsch gearbeitet!
Der alte Alex Möller fing an, Herbstraums Hufe auszuschneiden mit der Vorgabe, sie zu weiten.

Die angefeindete, sehr intelligente, selbständig denkende alternative Tierärztin Dr. Strasser sagte: 90 Prozent aller Pferde sind

*Auf ihre alten Tage in junger Liebe entflammt: Herbsttraum, 26, und Famos, genannt Mosi, 40 Jahre alt.
Foto: F. Tank*

vom Beschlagen zum Zwanghuf forciert und dadurch lahm – mit und ohne Eisen.

Doch es sollte noch einige Jahre dauern, bis ich diese Informationen so verarbeitet hatte, daß ich sie am Hengst anwenden konnte. Inzwischen übergab ich Herbsttraum an meine Mutter, eine pferdegerechte alte Dame, die sich sehr um die Psyche und das körperliche Wohl dieses nicht gesunden Pferdes kümmerte. Ich übergab ihn mit gutem Gefühl,

denn immer wenn er sie sah, hatte Herbsttraum ein Funkeln einer tiefen Freude in den Augen. Dieses hatte ich so bei anderen Pferden noch nicht wahrnehmen können. Die Gefühlspalette, im Augenausdruck erkennbar, lag bisher bei Trauer, Ignoranz, Bosheit, tiefem Schmerz oder Übermut. Hier war es deutlich erkennbare Freude über die hochkarätige Kommunikation und tiefe Basis der Freundschaft zwischen Frau und Pferd.

Als mein ehemaliger Stall abbrannte, fühlte sich meine Mutter den organisatorischen Anforderungen einer Hengsthaltung momentan nicht gewachsen und verlieh den Hengst in den Süden. Er sollte bei Pferdeleuten konservativer Prägung eine Aufgabe in therapeutischem Reiten bekommen, da er ja sehr gut ausgebildet war und absolut kinderfromm. Die Empfangsstelle sah den Aufgabenbereich anders und setzte ihn als Deckhengst auf Station ein.

Die Geschichte des Hengstes Herbsttraum hatte in 26 Jahren also viele Facetten:
• Einmal ist es eine Geschichte über Hengsthaltung in Deutschland. Jetzt war Herbsttraum wieder bei der konservativen Hengsthaltung gelandet, wenn auch immer noch milderer Ausprägung. Dennoch sah er über seine neuen Leute hinweg und litt weiter kränkelnd. Ab und zu wurde er geritten, ab und zu kam er auf die Weide, ab und zu verbrachte er mehrere Tage in seiner dunklen Box, zwar durchaus nicht lieblos gemeint, jedoch völlig unangemessen am Lebenshintergrund und Entwicklungsstand des Pferdes und von daher unangemessen und außerdem vorbei an jeder Verabredung.
• Mit dem psychischen Verfall beziehungsweise nur der Reduktion von Lebenschancen schränkte sich der Gesundungsprozeß des Hengstes dermaßen weiter ein, daß er stumpf im Fell und krank im Auge war und immer weiter lahmte.
• Mit diesem Schritt zurück in einen konservativeren Lebenszusammenhang reduzierte sich seine Autonomie und sein Selbstwertgefühl. Erinnern wir uns, er war hochausgebildetes siegreiches Turnierpferd gewesen und Hengst in eigener Herde.

• Aus der Feldenkraismethode heraus würden wir immer sagen, daß der emotionale Aspekt der Reduzierung des Selbst auch sein Spiegelbild findet im unfreien Augenausdruck oder Körperausdruck.
• Herbsttraums Geschichte ist die der Begleitung eines Pferdes über 24 Jahre (er war zweijährig angekommen). In dieser Zeit wurde er mehrfach übergeben, wobei Zuwendung und Kommunikation auf einer sehr hohen Ebene gehalten wurden. In dem Moment, wo dieses Niveau auch nur in ein durchschnittliches Beziehungsgefüge hinein sank, waren die Widerstandskräfte und Selbstheilungsfähigkeiten des Pferdes verloren.
Homöopathisch haben wir hier wieder das Leitsymptom vom „Verlassen sein," „Abgeschoben sein", das den Gesundungswillen des Organismus blockiert.
Als Herbsttraum nach Jahren abgeholt wurde, um wieder aufgebaut zu werden, erkannte er seine Chance und ging ohne zu zögern auf den Pferdehänger, um heimzufahren.
• Herbsttraums Geschichte ist auch eine Geschichte über die Bedeutung der Füße für die Gesundheit des Gesamtorganismus. Er hatte Zwanghufe an allen vier Beinen (durch seine hochblütigen Ahnen) von Jugend an. Diese Zwanghufe waren durch den kontinuierlichen Beschlag mit zu kleinen Einser-Eisen weiter verengt. Eine Abnahme der Eisen im zwölften Lebensjahr brachte wenig Erleichterung, da die Hufform sich auf die verengte Funktion eingerichtet hatte.
• Der Hengst hatte von Anfang an die Ursache seiner Verletzung angezeigt, da er beim Schmied tobte und sich wehrte. Immerhin zog sich dieser Prozeß schleichend hin bis zum zwölften Lebensjahr.

Mit seinem 24. Lebensjahr erst hatten wir den Mut zu probieren, seinen Huf zu öffnen nach Dr. Strasser und damit die Ursache für die Lahmheit und alle Folgeerkrankungen abzustellen. Bei dem Hengst hatte sich infolge des verengten Bewegungsapparates ja nicht nur die Lunge zugesetzt. Es war auch eine Spaterkrankung hinzugekommen und am Auge eine sogenannte periodische Augenentzündung! Das Fell war stumpf und glanzlos. Das ganze Pferd mager, lahm und steif. Die Blutuntersuchung ergab extremen Selenmangel. Es wurde ein Herzfehler festgestellt. Die Hufe sahen folgendermaßen aus: Die Hufwände waren über die viel zu langen Trachten nach innen gezogen und die Strahlfurchen waren ganz eng und zentimetertief. Zusätzlich waren nach alter Schmiedeauffassung die Eckstreben unbearbeitet und extrem lang stehengeblieben. So lief das Pferd wie auf Stelzen, obwohl es zeit seines Lebens alle fünf Wochen beim Schmied war. Bei der Huföffnung nach Dr. Strasser, Tübingen, wurden die Trachten ganz gekürzt und der Huf tief und flach gestellt. Als der erste

Mit 26 Jahren hat der Trakehner Hengst Herbsttraum wieder Glanz und Lebensfreude. Foto: F. Tank

Huf ausgewerkt war, fing Herbsttraum an zu kauen, nachdem alle Hufe ausgeschnitten waren, kaute er ab. Nach 24 Jahren konnte er die drückenden Quälgeister verabschieden. Jetzt mußte der Huf nur noch alle vier Wochen nachgearbeitet werden und gut feucht bleiben durch ein tägliches Fußbad in einer Naturtränke.

Die Vorgehensweise der Huferweiterung nach Dr. Strasser verläuft nicht immer so im Einklang mit dem Pferd wie bei Herbsttraum. Dennoch ist ihr Denkansatz aus der Feldenkraismethode sehr gut erkennbar und zu begründen. Ein Fuß braucht unbeschränkt den wechselnden Boden, um die Informationen der Erdung im Einklang mit der Schwerkraft durch die Nervenimpulse zum Gehirn liefern zu können. Ein gut fühlender Fuß schützt permanent Gelenke und Wirbelsäule vor Überbeanspruchung. Sollte kulturell oder gesundheitlich begründet das Tragen von Schuhwerk vonnöten sein, ist ein Wechsel der Schuharten an einem Tag sinnvoll, um dem Fuß flexible Informationen zu liefern. Füße sollen breit und lang fühlend den Boden berühren – das aus der Funktionalität des freien Körpers begründete Schönheitsideal wäre eher der Fuß des Dschungeltänzers als der hohe und schmale Spann des Mannequins. Auch beim Menschen besteht eine direkte Energie-Reizleitung von den Füßen zu den Augen und von den Füßen zum Herz-Kreislaufsystem. Wir können aus der Feldenkraismethode heraus die Füße behandeln und damit versuchen, eine Störung der Augen und einen Herzfehler zu behandeln. Natürlich würden wir bei Arthrosen und anderen entzündlichen Prozessen umgehend die Füße behandeln, um Beweglichkeit und Energieabfuhr einzuleiten.

Nicht anders als bei Moshe Feldenkrais verläuft der Gedankengang von Dr. Strasser zum gesunden Hufmechanismus und damit zum gesunden Pferd. Allerdings versucht die Feldenkraismethode ohne Zwang und Dogma auszukommen, da nur die Grundharmonie des ausbalancierten autonomen Selbst einstimmig werden kann mit den neuen Lebensformen und Wandlungen.

Herbsttraum jedenfalls ist in seinem neuen Leben jünger geworden, viel gesünder und sehr zufrieden. Die Spaterscheinungen haben sich aufgelöst, die Augen sind besser geworden und strahlen wieder, der Herzfehler ist weg. Er atmet und ist dadurch rund, sein Fell glänzt und er geht in allen Gangarten lahmfrei.

Er lebt im Offenstall und auf der Weide zusammen mit der jetzt 41jährigen Shetlandponystute Famos. Sie ist seinetwegen extra rossig geworden, was ihn nur milde beeindruckt hat, sie stehen zusammen in seiner Box oder in ihrer Box, und auf die Weide zu folgt er ihr fröhlich und willig. Neulich hat er sie zärtlich begrüßt, mit dem Kopf an der rechten Halsseite entlanggestreichelt bis zum Widerrist und an der linken Halsseite entlang gestreichelt. Hat er diese Geste von uns gelernt?

Herbsttraum schaut uns wieder alle an. Mit Freude in den Augen kommt er uns entgegen. Sein Winterfell ist lockig. Er möchte wohl modern sein, wie ein Curly Horse (Lockenpferd). 24 gemeinsame Jahre mit einem Pferd sind eine lange Zeit ...

DER KLEINE ZEN-MEISTER

Eines Tages sagte ein Mann aus dem Volk zu ZEN-Meister Ikkyû (1394-1481):

„Meister, wollt Ihr mir bitte einige Grundregeln der höchsten Weisheit aufschreiben?"

Ikkyû griff sofort zum Pinsel und schrieb: „Aufmerksamkeit."

„Ist das alles?" fragte der Mann. „Wollt Ihr nicht noch etwas hinzufügen?"

Ikkyû schrieb daraufhin zweimal hintereinander: „Aufmerksamkeit. Aufmerksamkeit."

„Nun," meinte der Mann ziemlich gereizt, „ich sehe wirklich nicht viel Tiefes oder Geistreiches in dem, was Ihr gerade geschrieben habt."

Daraufhin schrieb Ikkyû das gleiche Wort dreimal hintereinander: „Aufmerksamkeit. Aufmerksamkeit. Aufmerksamkeit."

Halb verärgert begehrte der Mann zu wissen: „Was bedeutet dieses Wort ‘Aufmerksamkeit' überhaupt?"

Und Ikkyû antwortete sanft: „Aufmerksamkeit bedeutet Aufmerksamkeit."

aus „Der kleine Zenmeister", Heyne Mini

DIE FELDENKRAIS-METHODE

Dr. Moshe Feldenkrais (1904-1984) hat diese nach ihm benannte Methode entwickelt. Wir müssen ihn uns vorstellen als einen Mann des Geistes und des Intellektes (er war Atomphysiker in Zusammenarbeit mit Juliot und Curie). Gleichzeitig war er behende und körperorientiert (hochangesehen unter den jungen Judoka noch heute als einer der ersten Träger des schwarzen Gürtels).

Die Erprobung der Feldenkraismethode beging er in Selbsterfahrung, das heißt, er hat alle – häufig aus der Beobachtung der Kindesentwicklung – entlehnten Übungen selber durchlaufen. Daher ist ein Leitsatz der Methode: Selber erfahren, selber spüren, selber tun. Alle Feldenkraislehrer durchlaufen in vielen Kurseinheiten in mindestens 120 Tagen und mehr Prozesse von Umlernen und Wachstum. Dabei gilt ein Klima von Akzeptanz, Heiterkeit und Aufmerksamkeit, um zu Sensibilität und genauem Hinsehen zu ermutigen. Der Gewinn ist ein Zugang zum realen Selbst. Es gibt keine Diktion von außen mehr, wie krank einer sich zu fühlen hat oder wie belastbar und potent. Grenzen der Beweglichkeit werden sichtbar – körperlich und emotional. Gleichzeitig decken die Teilnehmer an der Feldenkraismethode nach und nach selber auf, wo ihre Möglichkeiten liegen und wie unendlich variabel die Potentiale sind. Die Methodik ist dabei ganz einfach. Bequeme Alltagskleidung, warmes Raumklima und eine Anleitung zur qualitativ hochwertigen Ausführung von simplen, jedoch wesentlichen Bewegungsvorgängen. Eine Entdeckung der Langsamkeit, eine neue Interpretation von Geschwindigkeit und Zügigkeit, eine neue Präzision werden dabei entwickelt. Das führt zu einer Lust an Bewegung und zu einer Vermeidung vom Betreten von Sackgassen, die körperlich in den Verschleiß führen und emotional in die Überforderung. Statt dessen hat jedermann die Möglichkeit, über Bewegungslernen zu einem neuen Lebensgefühl zu kommen.

Und nun zur Feldenkraismethode im Umgang mit den Pferden. Schaffen Sie ein angenehmes Arbeitsklima. Dazu gehören rhythmische Trainingseinheiten mit genügend Pausen und Ruhetagen auf der Weide zum Verarbeiten des Lernstoffes und zum Regenerieren. Zur Vorbereitung des Pferdes auf das Reiten gehört fernerhin eine anatomisch sinnvolle Hufpflege, da das Pferd das schwere Sein und die Leichtigkeit über die Füße zum Boden erfährt, ebenso wie der Mensch. Genauso sollte das Sattelzeug passen, das bedeutet: Sie müssen Ihre Sättel und Trensen jährlich überprüfen, da das Pferd sich ja verändert. Kneifendes Sattelzeug jedoch verdirbt dem Pferd die Aufmerksamkeit.

Die Ausbildung eines Pferdes ist weiterhin nicht als Schlagabtausch zwischen einem Mächtigen und einem Kräftigen zu verstehen. Vielmehr handelt es sich um das Zwiegespräch zweier Lebewesen, die mit Geist, Knochengerüst und Nervensystem ausgerüstet sind und darüber in einem gemeinsamen Lernvorgang kommunizieren. Ich unterstelle, daß beide davon etwas haben. Das Pferd spürt sich selber in seiner Bewegungsentfaltung und in Lernfortschritten und sieht einen Sinn im Sein. Der Mensch führt sich zu, was er alleine nicht immer erstellen kann: Sich gehoben und getragen fühlen, Lenkender sein und doch auch Ausgelieferter. Beide – Mensch und Pferd – lieben einen aufmerksamen und achtsamen Umgang mit sich selber und im Miteinander. Wenn Sie es nicht kannten, können Sie es im Reiten nach Moshe Feldenkrais lernen. Treffen wir jetzt Pferde, die aus der Balance geraten sind, wie die im Buch beschriebenen Pferde, haben wir anhand der Feldenkraislehre eine Methodenreihe zur Verfügung, um gegenseitig zum gelingenden und dabei aufmerksamen und achtsamen Umgang zurückzugelangen.

Wir berühren dabei den Körper des Pferdes, sowohl mit unserem inneren Auge (der Intuition), als auch mit den Händen. Der besondere Segen liegt darin, sich die Hände zu öffnen zur Erfahrbarkeit von Energiefluß oder tiefem Trauma. Gelingen kann das jedem, der sich in das Tun der sanften manuellen Anwendung hineinbegibt.

Raumgefühl und Orientierung zur Schwerkraft sind weitere Themen, ohne deren Entwicklung Reitsport nur als Kraftakt und Reitgefühl gar nicht möglich wird. Beobachten Sie Ihr Pferd differenziert, wie es „Welt" einschätzt. Kennt es Abstände und Höhenabmessung? Hat es ein gutes Bodengefühl? Kann es wahrnehmen, ob es sich um tiefes oder flaches Wasser, eine spiegelnde Eisfläche oder um auf dem Boden ausgelegte Planen handelt? Üben Sie mit ihm „Welt" ein, Höhen, Materialien und wechselnde Landschaften. Sie werden für das Reitgefühl profitieren.

Alle im Buch beschriebenen Pferde haben es ihren Besitzern mannigfaltig gedankt, daß sie aus der Sichtweise der Feldenkraislehre Unterstützung in den Einstieg von neuem Gleichgewicht bekommen haben. Der Umgang mit ihnen wurde leichter, harmonischer und erfolgreicher. Dadurch geht es ihnen besser im Lebensgefühl und dem Besitzer auch. Reitqualität ist dabei die Ausgangsmotivation und der gewünschte Seiteneffekt.

Wenn Sie auch mit Ihrem Pferd zu neuen Antworten auf bisher gestellte und auch noch nicht gestellte Fragen gelangen wollen, bin ich für Sie zu erreichen:

Marie-Luise v. d. Sode
Ziegeleistr. 7 • 23881 Lankau OT Anker
Telefon: 04543 - 891 002